Cómo dormir
a su bebé

GW00696161

Polly Moore, Ph. D.

Cómo dormir a su bebé

Siga los ritmos naturales del sueño de su bebé
para lograr un mejor descanso en las noches
y durante las siestas

Traducción:
Adriana de Hassan

GRUPO
EDITORIAL
norma

Bogotá, Barcelona, Buenos Aires, Caracas,
Guatemala, Lima, México, Panamá, Quito,
San José, San Juan, Santiago de Chile

Moore, Polly
    Cómo dormir a su bebé / Polly Moore; traductora Adriana Arias de Hassan.
-- Bogotá: Grupo Editorial Norma, 2010.
    240 p.; 21 cm.
    ISBN 978-958-45-3037-0
    Título original : The 90-minute baby sleep program.
1. Bebés 2. Sueño.3. Trastornos del sueño en niños I. Arias de Hassan, Adriana, tr.
II. Tít.
613.0432 cd 21 ed.
A1263816

    CEP-Banco de la República-Biblioteca Luis Ángel Arango

Edición original en inglés:
The 90-Minute Baby Sleep Program
Follow Your Child's Natural Sleep Rhythms For Better Nights and Naps
de Polly Moore, Ph. D.
Una publicación de Workman Publishing
Copyright © 2008 por Polly Moore, Ph. D.

Primera edición: octubre de 2010

Impreso por Worldcolor
Impreso en Colombia - *Printed in Colombia*

Diseño de cubierta, María Clara Salazar Posada
Fotografía cubierta, © 2010 Getty Images – Thinkstock
Diagramación, Nohora Betancourt Vargas

ISBN 978-958-45-3037-0

● ✳ ●

DEDICADO A MIS HIJOS, MADDIE Y MAX;
A MIS HERMANAS Y HERMANOS,
ALISON, EMILY, ROB Y PETE;
Y A LA MEMORIA DE MIS PADRES,
THERESE Y ROBERT MOORE

Nota de la autora

Muchos padres han compartido generosamente sus experiencias con el plan N.A.P.S. para este libro. Para proteger su intimidad y para efectos de claridad, algunos de los casos de estudio aquí consignados son compendios de las historias de esos padres. He tenido cuidado de asegurarme de que cada caso sea una representación fiel de los problemas a los cuales se enfrentan las familias, y de las soluciones que descubren en su deseo por manejar el sueño de sus bebés.

Contenido

PRÓLOGO

Si usted espera un hijo o tiene un lactante, sabe perfectamente lo que significa preocuparse por el sueño de su hijo. ¿Qué pasará si no duerme lo suficiente? ¿Qué tal si llora todo el tiempo? ¿Qué podré hacer si no duerme durante el día, o si no logro que duerma durante la noche? Si alguna de estas preocupaciones le suena familiar, sepa que no está sola. Para muchos adultos, los hábitos de sueño del bebé son desconcertantes. Muchas veces los padres no saben si el bebé llora porque tiene hambre o necesita un cambio de pañal, si se siente solo o asustado o, peor aún, si está enfermo y siente dolor. Sin embargo, los comportamientos misteriosos y "difíciles" de un lactante, como la irritabilidad y el llanto, por lo general son menos desconcertantes de lo que parecen.

En *Cómo dormir a su bebé* la doctora Polly Moore presenta una explicación clara de la razón del desasosiego del bebé –falta de sueño suficiente– y brinda un programa singular y eficaz para ayudar a los padres a mejorar el sueño del bebé de una manera *natural*. El plan de la doctora Moore, cuyo título es muy acertado en inglés –N.A.P.S. (siestas)– les enseña a los padres a seguir uno de los relojes biológicos naturales del niño (el ciclo básico de reposo y actividad, o CBRA) para facilitar las siestas y el sueño nocturno, y maximizar el tiempo total de sueño. Su forma de utilizar el CBRA es un descubrimiento: se ha demostrado científicamente que el CBRA rige los ciclos de vigilia del ser humano y, hasta donde sé, la doctora Moore ha sido la primera persona en construir un programa de sueño para el bebé con base en este ciclo. Además, como lo demuestran los comentarios elogiosos del número incontable de clientes de la doctora Moore, es claro que el plan N.A.P.S. funciona realmente. Funciona porque se basa en la ciencia, pero también porque es simple y fácil de aplicar, una verdadera ventaja para los padres agotados por no poder dormir y por tener que lidiar con un bebé muy infeliz.

Conocí a la doctora Moore hace algunos años en el Centro de sueño de la Clínica Scripps. Los dos éramos integrantes de un grupo de clínicos e investigadores dedicado a diversos proyectos de investigación sobre el sueño. Con su extensa experiencia, la doctora Moore está en condiciones de comprender cómo y por qué duerme el cerebro, desde el nivel de una sola célula cerebral, hasta el nivel de los pacientes con trastornos del sueño. Su curiosidad sobre el proceso del sueño y su entusiasmo por mejorar este proceso en beneficio de todos los pacientes son verdaderamente contagiosos y esto fue algo que pude comprobar cuando oí a la doctora Moore dictar una charla a padres primerizos. Lo que más me impresionó fue la forma como destiló la compleja investigación académica en consejos concretos y accesibles para los padres y cuidadores. Esa misma hazaña la logra en este libro.

La doctora Moore sabe lo que significa luchar con el sueño de un bebé. No solamente es neurocientífica e investigadora, sino también madre de dos hijos. En efecto, fue en el "laboratorio" de su propia casa donde sometió a prueba y perfeccionó su plan N.A.P.S. y descubrió que sus hijos dormían mejor y con un patrón más constante cuando les ayudaba a seguir sus propios ritmos internos de sueño.

Bien sea que usted duerma en la misma cama con su bebé o desee que él duerma independientemente, *Cómo dormir a su bebé* y su plan N.A.P.S. les ayudarán a usted y a su bebé a dormir mejor. Al acostar a su niño cuando está en su momento natural para el descanso, le brindará el sueño que necesita para su desarrollo cognoscitivo y emocional. Y *usted* sentirá mayor tranquilidad al saber que ha establecido unos hábitos sólidos de sueño que beneficiarán a su bebé desde sus primeros años de vida hasta la adolescencia y más allá.

Farhad Shadan, M.D., Ph.D.
Diplomado de la Junta americana de medicina
del sueño

Centro del sueño de la Clínica Scripps
La Jolla, California

Nota importante sobre seguridad durante el sueño
La Academia Americana de Pediatría recomienda acostar a los bebés boca arriba a fin de reducir el riesgo del síndrome de muerte súbita (o SIDS por su sigla en inglés, conocido también como "muerte en la cuna").

Más sueño, menos tensión

odas las criaturas vivientes –entre ellas los seres humanos, los perros, los elefantes, los peces, los insectos y hasta las amebas– están hechas para seguir unos ciclos naturales de reposo y actividad. Hasta cuando se generalizó el uso de la energía eléctrica a finales del siglo diecinueve, la mayoría de los seres humanos experimentaban sus ciclos de reposo y actividad de manera natural porque se iban a dormir cuando caía la noche y despertaban al amanecer. A los bebés y los niños se les permitía dormir durante el día cuando sentían sueño, y dormir tanto como fuera necesario.

Hoy, sin embargo, los avances tecnológicos y nuestros días llenos de ocupaciones nos han llevado a vivir fuera de fase con nuestros ritmos naturales. El sueño se ha

✳ ✳ ✳ ✳ ✳ ✳ ✳ ✳ ✳ ✳ ✳ ✳ ✳ ✳ ✳ ✳ ✳

convertido en algo para lo cual abrimos tiempo entre la hora en que salimos para el trabajo cuando todavía está oscuro y el momento en que ponemos a lavar la ropa tarde en la noche. Durante los últimos decenios, a medida que hemos dedicado más tiempo al trabajo y al entretenimiento y menos al sueño, hemos exigido que también nuestros hijos se acomoden a horarios artificiales. En medio de los afanes y de la actividad, hemos perdido de vista dos hechos muy simples: la cantidad de sueño que nuestros bebés necesitan, y la forma de ayudarlos a obtenerla.

No obstante, dormir es una de las funciones más importantes del bebé durante su primer año de vida, y ayudar al bebé a dormir es una de *nuestras* funciones primordiales como padres. Cuando damos la más alta prioridad a las necesidades de sueño del bebé, le proporcionamos una ventaja en materia de desarrollo cognoscitivo e inteligencia emocional. Un buen sueño le ayudará al bebé a crecer fuerte, con energía de sobra para conquistar el mundo. Sin el sueño necesario, nuestros bebés sufren y nosotros no podemos tampoco funcionar en grado óptimo como padres.

Por fortuna, los padres modernos pueden beneficiarse de un acerbo creciente de conocimiento sobre los relojes internos que gobiernan el sueño y la vigilia. Este libro, junto con su plan N.A.P.S., dirigido a los padres que esperan y los que tienen bebés de hasta un año de edad (y, en menor medida, hijos de hasta dos años de edad) les mostrará cómo obedecer a uno de los relojes biológicos del bebé. Ese reloj está presente desde el nacimiento y se fortalece durante el primer año, y le ayuda al bebé al sentir sueño a unas horas previsibles. Una vez que se aprende a detectar estos ritmos del sueño, estos sirven para llevar al bebé hacia un sueño profundo y prolongado, y prepararlo para dominar el arte de dormir bien el resto de la vida. (Nota: si su bebé tiene nueve o diez meses, o se acerca al año de edad, seguramente se preguntará si vale la pena leer este libro. Sí. A los pocos días de iniciar el programa, o a veces en cuestión de pocas horas, verá que el sueño de su bebé mejora. Pero más importante todavía es que sentará las bases para unos mejores hábitos de sueño más adelante en la vida.)

Mi historia

Escribí este libro para usted –bien sea que esté pensando en tener hijos y ha oído las historias horripilantes sobre las horas sin dormir, o que ya tenga un bebé y no sepa cómo mejorar sus hábitos de sueño– porque yo ya lo viví. Mientras esperaba a mi primera hija, nunca pensé que mi bebé pudiera tener dificultades para dormir. La razón es que el sueño me ha interesado toda la vida y ha sido el tema central de mi carrera. Cuando era niña me fascinaban los sueños; en la secundaria me produjeron curiosidad mis ataques de insomnio (más adelante averigüé que el problema se debía a los cambios normales del reloj biológico del adolescente). En la universidad y durante mis estudios de doctorado en neurociencias, estudié más a fondo los resultados devastadores de la falta de sueño y también la delicada interacción entre el sueño y los estados psiquiátricos y las enfermedades, entre ellas el cáncer. En mi calidad de investigadora, he estudiado el sueño y los trastornos del sueño desde la neurociencia durante años de trabajo en clínicas del sueño e instituciones académicas; he dedicado prácticamente todos los días de mi vida laboral a la premisa de que dormir bien mejora la vida. He visto cómo el sueño inadecuado o interrumpido tiene consecuencias para casi todos los aspectos de la vida de una persona.

Por tanto, como científica, como mujer y como madre expectante, estaba dedicada a fomentar unos buenos hábitos de sueño. ¿Cómo podría tener problemas con el sueño de mi bebé considerando mis años de formación especializada? En la universidad había aprendido que el sueño del bebé comienza a organizarse al cabo de unas pocas semanas y que la mayoría de los bebés duermen seis horas consecutivas hacia las seis semanas de edad. Los libros dicen que, a los cuatro meses, la mayoría de niños ya duermen toda la noche. "Los primeros meses no serán fáciles", pensaba, "pero podré manejarlos". Había además otras preocupaciones como la lactancia y conseguir ayuda para cuidarlo, las cuales competían por mi atención durante el embarazo.

¡Vaya sorpresa la que me esperaba! Cuando nació mi hija Maddie descubrí que de nada me sirvieron esos años de formación especializada. A veces era como si Maddie quisiera comer con mucha frecuencia y durante períodos extremadamente largos; en otras ocasiones se contentaba con el chupete; a veces quería permanecer alzada durante horas enteras; algunas veces lloraba desconsoladamente y yo sencillamente no sabía qué hacer para calmarla. Me había preparado mentalmente para la alteración de los horarios y el llanto, pero había abrigado la esperanza de poder al menos interpretar y satisfacer las necesidades de mi bebé. Ni siquiera con el paso de los meses y a medida que Maddie dejaba atrás la etapa de recién nacida era fácil para mí saber cuándo necesitaba una siesta o dormir al caer la tarde. Algunas noches dormía ocho horas consecutivas; otras eran mucho más difíciles y, como científica, me molestaba no comprender la razón. Como muchos padres, desarrollé una serie de supersticiones sobre las cosas que funcionaban para ayudarla a dormir. "El gusano de lana la tranquiliza", pensaba yo. O "duerme mejor con la música de Mozart". Y después venía la decepción cuando las estrategias fallaban días después.

Consulté con pediatras y padres veteranos, y leí muchos libros sobre el sueño del bebé. "Los recién nacidos duermen al azar", decían los expertos encogiéndose de hombros. Otros padres me aconsejaban que no me preocupara por el horario ni por la cantidad de sueño. "Los bebés saben cómo obtener el sueño que necesitan", decían. Me pareció raro que nadie tuviera nada más concreto para decirles a los nuevos padres.

Debido a esas frases, nunca pensé tan siquiera en identificar un patrón de sueño en Maddie. Sencillamente continué con mi vida, mes tras mes, dichosa con mi bebé pero agotada por la lucha de tratar de sobrevivir a los largos días con sus noches. Entonces una mañana, cuando Maddie tenía unos tres meses y medio, observé que parecía

✳ • ✳ • ✳ • ✳ • ✳ • ✳ • ✳ • ✳ • ✳ • ✳ • ✳ • ✳ • ✳ • ✳ • ✳

cansada, lista para una siesta. Eso me sorprendió, porque había despertado hacía menos de dos horas tras dormir durante un período relativamente largo la noche anterior. No esperaba que estuviera lista para dormir de nuevo. Recordé un comportamiento semejante en el pasado y eso me dio pie para reflexionar. Miré el reloj, recordé la hora a la cual Maddie había despertado en la mañana (unos 90 minutos antes), y me di cuenta de que la fatiga de Maddie concordaba con un ritmo biológico bien conocido denominado el ciclo básico de reposo y actividad, o CBRA. Había estudiado el CBRA durante mi postgrado, pero nunca había pensado en aplicarlo al sueño de los lactantes.

¿Había alguien más que lo hubiera hecho? Consulté los estudios de investigación. Hay muchos de muy buena calidad acerca del CBRA en relación con varios fenómenos humanos, y el investigador más importante lo había seguido en los ciclos de sueño y vigilia de su propio hijo. Las conexiones lógicas entre los dos eran irresistiblemente fuertes. Sin embargo, esa información era literalmente académica para mí en ese momento. En el laboratorio informal de la habitación de Maddie —el único laboratorio que en realidad me importaba en ese momento— reconocí claramente que mi hija presentaba un ritmo biológico claro y regular de sueño. No dormía al azar durante el día. Sus momentos de fatiga ocurrían conforme a un esquema altamente previsible.

El hecho de saber en qué momento sentiría sueño mi bebé, me permitió manejar más fácilmente otros aspectos de mi vida. Cuando apliqué ese nuevo conocimiento sobre los ritmos de sueño de Maddie para identificar su horario de dormir, descubrí que las horas de las siestas y del sueño nocturno eran más previsibles y menos agobiantes para las dos. Al poder dormir el tiempo necesario, en el momento indicado, la agitación misteriosa de Maddie y su llanto inconsolable desaparecieron casi de la noche a la mañana. Sus siestas se prolongaron y sus noches mejoraron considerablemente, con menos interrupciones. Aunque todavía había momentos en los cuales lloraba (después de todo seguía siendo bebé), Maddie se veía mucho más feliz y yo sentía que comprendía más claramente su llanto y sus necesidades.

Otras personas también pudieron reconocer el ritmo en mi bebé. Fue cierto en el caso de mi cuñado Kevin, quien siempre había sentido que no les simpatizaba a los bebés. Le parecía que siempre que trataba de alzar a un bebé, este rompía en llanto y entonces debía devolverlo apesadumbrado a sus padres. Cuando nació Maddie, Kevin quiso ayudarme pero le preocupaba que no pudiera cuidarla bien. Es probable que si usted espera su primer hijo, sienta las mismas inquietudes por su falta de experiencia. Pero cuando le enseñé a Kevin el ritmo del sueño de Maddie sintió que por primera vez tenía una guía útil para comprender el comportamiento de un lactante. Fue importante para él saber en qué momento sentiría sueño mi bebé, cómo interpretar correctamente las señales de fatiga y qué hacer cuando viera dichas señales. Perdió el miedo y no volvió a sentir angustia cuando Maddie lloraba. ¡Fue así como el tío Kevin pasó a ser un niñero excelente!

Fueron Kevin y otros de mis familiares quienes insistieron en que compartiera mi conocimiento con otros padres. No estaba segura de que otras personas necesitaran de mis servicios. Después de todo, no fui la descubridora del CBRA y tampoco la primera en observar su presencia en los lactantes. Seguramente había otros expertos dedicados a comunicar esta información sobre el sueño a los padres. Sin embargo, llamé a un hospital local para preguntar cómo participar en su popular serie de conferencias. La directora me rogó que le enviara una propuesta inmediatamente. "El sueño es el problema principal de los padres primerizos, y muchos pediatras no saben manejar el tema". En efecto, me explicó que los pediatras habían dejado de dictar conferencias en el hospital porque la gran mayoría de las preguntas de los padres se relacionaba con los problemas de sueño de sus bebés y los médicos sentían que no tenían la respuesta. Sucede que la mayoría de los pediatras reciben muy poca formación sobre los problemas de sueño de los lactantes.

Con mi primera charla descubrí que los otros padres estaban tan necesitados como yo de información práctica para ayudar a sus bebés a dormir. También agradecían recibir conocimientos sobre hechos sencillos como los beneficios del sueño, la forma como se regula el cerebro dormido y cómo ese conocimiento sobre los estados del sueño ayuda a resolver problemas comunes como la imposibilidad de pasar el bebé dormido de los brazos a la cuna sin que se despierte.

A raíz de las primeras conferencias desarrollé el plan N.A.P.S., un programa que los padres agotados por falta de sueño pueden aplicar fácilmente. También he continuado con mis conferencias en California y en todo Estados Unidos. La acogida ha sido increíble. Cuando hice una encuesta informal entre los padres que han asistido a mis cursos, el 85 por ciento de quienes respondieron manifestaron que sus bebés comenzaron a dormir más horas y con mayor regularidad una vez pusieron en práctica mis consejos. Varios de ellos eran madres desesperadas cuyos bebés escasamente dormían una o dos horas a la vez, en el día o en la noche, un fenómeno bastante común. Una o dos semanas después de iniciar mi programa, sus bebés comenzaron a dormir bien en el día y a pasar la noche de largo. Los padres encuestados también manifestaron que el plan N.A.P.S. era amable, eficaz y fácil de poner en práctica.

Como madre comprendo que ningún programa de sueño podrá funcionar si va en contra de lo que el instinto nos dice. Mi plan se puede acomodar al estilo de cada quien y a la personalidad del bebé. Usted podrá utilizarlo para dormir en la misma cama con su bebé si lo desea, o para permitir que su bebé duerma en su propia cuna. Si desea que su bebé aprenda a dormirse sin ayuda a una edad apropiada, el plan N.A.P.S. también le servirá para ese efecto. Además, se puede aplicar para corregir distintos problemas de sueño hasta el primer año de vida del lactante, entre los cuales se cuentan los siguientes:

- Resistencia para acostarse a dormir en la noche
- Despertarse varias veces en la noche
- Confusión entre el día y la noche

- Siestas cortas durante el día
- Siestas impredecibles
- Dificultad para dormir en otro lugar que no sea la silla del automóvil, el columpio, el caminador o los brazos

Cuando usted aprenda a seguir los ritmos naturales de su bebé, este dormirá más y llorará menos. Mientras permanezca despierto estará más tranquilo, alerta y juguetón. Usted tendrá la seguridad de saber que su bebé está durmiendo tanto como necesita. Si es su primer hijo, esa seguridad marcará un punto de quiebre que le permitirá dejar atrás el agobio y quizás la desesperación, y acomodarse en su nuevo papel con mayor calma y serenidad. Además, como verá en los próximos capítulos, el sueño –en cantidades abundantes– es importante para el desarrollo del cuerpo y el cerebro del bebé. El plan N.A.P.S. no solamente contribuirá a su felicidad y la de su bebé, sino que le permitirá a este último obtener el sueño necesario para una vida sana.

Ayudar a su bebé a obtener un sueño restaurador y más predecible es más fácil de lo que usted cree. Procedamos entonces.

CAPÍTULO UNO

Sueño sí, estímulo no
Una nueva visión

¿A quién no le encanta un bebé dormido? Ver a un bebé envuelto en una manta suave, con las mejillas rosadas por el sueño, es algo que nos llega al alma. La entrega total al sueño nos recuerda la vulnerabilidad y la ternura del ser humano. Se despiertan en nosotros nuestros deseos más profundos de amar y proveer. Ante tanta inocencia nos sentimos a la vez humildes y fortalecidos por nuestro deber de adultos protectores.

Como individuos apreciamos el sueño del bebé, pero como cultura no sabemos cómo hacer para que nuestros bebés duerman bien. Las dificultades del sueño en la infancia han adquirido proporciones enormes. Mi experiencia con los padres primerizos sugiere que, hoy, la privación del sueño en los bebés es un fenómeno generalizado y crónico. Los padres que asisten a mis cursos describen bebés que duermen solamente doce o tan solo diez horas al día (mucho menos del tiempo recomendado de dieciséis o más horas al día en el caso de los recién nacidos; ver el cuadro de esta misma página y de la página 27). Otros padres tienen bebés que pasan horas enteras llorando en sus brazos antes de entregarse, exhaustos, a una siesta corta e inquieta. Veo bebés que se frotan los ojos contra el hombro de la madre –hasta se frotan contra la alfombra si están en el suelo– mientras la madre agotada sacude un juguete de colores delante de los ojos del bebé y explica, "¡Mi bebé parece no tener sueño nunca!" Muchos de esos padres no reconocen que sus hijos viven privados de sueño.

En 2005, la Fundación nacional del sueño de los Estados Unidos (NSF) contrató una encuesta nacional sobre los hábitos y comportamientos del sueño de los niños menores de 4 años. Las necesidades de sueño varían durante el primer año, pero según el gru-

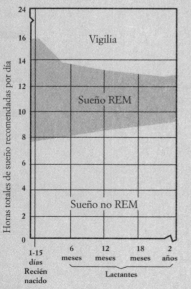

Distribución del sueño del bebé*

Horas totales de sueño recomendadas por día

Vigilia

Sueño REM

Sueño no REM

1-15 días
Recién nacido

6 meses

12 meses

18 meses

2 años

Lactantes

*Para mayor información, véase el cuadro de la página 27.

po de trabajo pediátrico de la NSF, después del período neonatal, la mayoría de los bebés necesitan entre trece y quince horas de sueño en un período de 24 horas. Y ese es apenas el mínimo. Algunos bebés necesitan dieciséis o más horas. Pero según el estudio de la NSF, cerca de la mitad de los bebés de la nación logran solamente doce horas o menos de sueño al día. Ese es un problema serio: ¡un bebé de seis meses que duerme doce horas al día sufrirá una pérdida acumulada de sueño equivalente a cientos de horas para cuando cumpla su primer año de vida! El estudio también demostró que aunque los padres desean que sus hijos puedan dormir más, no se dan cuenta de que en realidad *necesitan* dormir más.

Una generación con carencia de sueño

¿Por qué les falta tanto sueño a nuestros bebés? ¿Acaso los padres desean privar a sus hijos de una necesidad biológica fundamental?

Por supuesto que no. Al igual que las generaciones de progenitores que nos precedieron, nosotros deseamos darles a nuestros bebés todo lo que necesitan y algo más. Durante los meses de espera quizás hasta nos esforzamos más que lo que se esforzaron nuestros padres por prepararnos mejor para nuestra nueva labor: tomamos cursos o leemos libros sobre lactancia, elementos de seguridad, reanimación cardiopulmonar del lactante, y preparación de alimentos caseros para el bebé. Sin embargo, son pocas las oportunidades para aprender sobre el sueño del bebé.

Como sociedad, tendemos a pensar que el sueño viene por sí solo, o que por lo menos es poco lo que podemos hacer para fomentar el buen dormir o para prevenir el inicio de los problemas de sueño. También hay una noción generalizada de que la única forma de ayudar a un bebé a dormir es esperar hasta que cumpla seis meses y entonces "dejarlo llorar" hasta que aprenda a dormir independientemente toda la noche. A muchos padres les molesta este método, para no mencionar que la meta de los seis meses puede parecer terriblemente remota cuando el bebé de diez semanas duerme apenas unos ratos cortos durante el día y despierta cada hora durante la noche. En realidad son varias las medidas –la mayoría muy suaves– que se pueden tomar para promover buenos hábitos de sueño. Lo ideal es comenzar desde el primer día de vida, pero también se pueden implantar en cualquier momento durante el primer año para mejorar el sueño del bebé. De eso se trata este libro.

Pero no hay ciencia en el mundo que sirva para cambiar los hábitos de sueño de su bebé si usted no asume el compromiso de ayudarlo a dormir lo mejor posible. Mi programa no es difícil de seguir, pero si usted desea buenos resultados, tendrá que dar prioridad al sueño de su bebé. Para comenzar, quizás deba modificar sus propias actitudes frente al sueño. Infortunadamente, vivir ligeramente faltos de sueño se ha convertido en una forma de vida para muchos de nosotros; según un estudio de la NSF en 2002, los adultos estadounidenses duermen apenas 6.9 horas en promedio en la noche. Eso representa una reducción con respecto a las nueve horas de sueño al comienzo del siglo veinte. Somos descuidados frente a nuestras propias necesidades de sueño, y algunos de nosotros hasta nos ufanamos de lo poco que dormimos en la noche. Esto implica que somos un mal ejemplo para nuestros hijos.

Aunque usted siempre haya tratado de dormir lo suficiente, probablemente será grande la presión social para que mantenga despierto a su bebé. En una cultura que menosprecia la importancia del sueño para los adultos también se afecta la actitud hacia el sueño de los bebés. Una

Distribución del sueño durante la vida

Los promedios de sueño que aparecen en esta gráfica y en la de la página 24 tienen por objeto ayudarle a determinar si su bebé necesita más sueño del que obtiene. Las cifras se extrajeron del estudio de 1966 citado anteriormente, y aunque difieren ligeramente de la recomendación actual de la Fundación nacional del sueño, creo que reflejan con mayor exactitud la verdadera necesidad biológica de los lactantes. Las cifras emanaron de observaciones reales realizadas a mediados de los años 1960, cuando era culturalmente aceptable permitir que los bebés durmieran tanto como fuera necesario y con la frecuencia requerida durante el día.

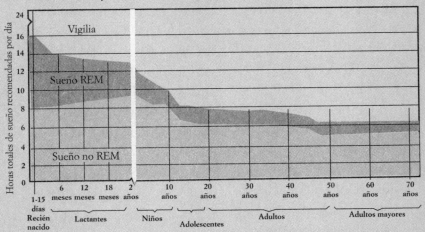

Roffearg HP, Muzio JN, Dement WC: Ontogenetic development of the human sleep-dream cycle. *Science* (1966); 152:604-619

madre a quien conozco recuerda haberse excusado de un grupo de juego para permitir que su bebé de nueve meses hiciera su siesta matutina. "*Mi* bebé abandonó *su* siesta matutina hace meses", replicó otra madre del grupo. "Es demasiado inteligente y curiosa para permanecer dormida en la mitad del día". La madre de la bebé que dormía me dijo, "Me hizo sentir como si mi hija fuera menos inteligente por necesitar su sueño". Otra madre cuenta que los padres de su vecindario se burlan de ella porque acuesta a su bebé a las 7 de la noche: "Cuando era niña, todos, no solamente los bebés, nos íbamos a la cama temprano. Ahora la gente cree que uno es controlador porque no permite que el bebé permanezca despierto hasta tarde o que salga con uno a restaurantes o a las casas de los amigos". En los programas más populares de la televisión, la llegada de un bebé no modifica los hábitos de los personajes adultos; los bebés sencillamente se integran dentro de los horarios sociales de sus padres como acompañantes simpáticos. El mensaje es claro: el sueño es para los lentos, los aburridos y los anticuados.

Somos descuidados frente a nuestras propias necesidades de sueño, y algunos de nosotros hasta nos ufanamos de lo poco que dormimos en la noche. Esto implica que somos un mal ejemplo para nuestros hijos.

En general, hemos llegado a creer que la actividad es más importante que el sueño, independientemente de la edad de la persona. La actividad –y *solamente* la actividad– es supuestamente la que nos hace inteligentes, productivos

— 28 —

y comprometidos con la vida. En los últimos decenios se les ha enseñado a muchos padres que los bebés, en particular, necesitan estímulo constante para el desarrollo apropiado del cerebro. Cuando los padres y las madres tienen su primer hijo, se sienten obligados a agregar varias cosas a sus listas de asuntos pendientes: interesar al bebé con juguetes que parpadean, suenan y silban; llevar al bebé al programa de yoga, música o alguna otra cosa "con mamá"; ver los programas de televisión o los DVD denominados "educativos"; y muchas cosas más.

Cuidar de un bebé es una dicha. También es una de las labores más exigentes física y mentalmente que cualquier persona pueda asumir. Sin embargo, los padres se esfuerzan por cumplir con todos los puntos de su lista porque creen que mientras más estímulo brinden, mejor podrán promover el desarrollo cerebral de sus bebés.

Consideremos la evidencia en favor del estímulo y su contribución al desarrollo cognoscitivo. Buena parte de esa evidencia proviene de estudios con ratas de laboratorio. Hasta los años 1960, la práctica corriente era poner tres ratas en cada jaula, sin ningún juguete ni objeto para explorar. Después se descubrió que cuando los investigadores agregaban dos o tres ratas "amigas" junto con cinco o seis juguetes como ruedas o escaleras, el cerebro de las ratas presentaba un patrón más complejo de conexiones entre las células nerviosas. Este hallazgo fue un avance enorme para la neurociencia porque demostró por primera vez que el cerebro tiene la capacidad de cambiar en respuesta al ambiente.

Aunque todos los seres humanos –bebés, niños, padres y abuelos– necesitamos desafíos y cambios para mantener el cerebro en crecimiento, es importante no atribuir un peso exagerado a esos hallazgos. Muchas personas, entre ellas quienes fabrican juguetes para bebés, han dado a estos y otros estudios la interpretación de que el cerebro en desarrollo necesita un bombardeo continuo de colores, música y juguetes extravagantes. Recordemos que a las ratas se les dio unos cuantos amigos y un par de juguetes para compartir. Aquí no estamos hablando de una Disneylandia para ratas. Es vital tener algunos juguetes seguros y coloridos para el bebé y estimularlo con los abrazos, el juego, el canto y la conversación. Pero no hay prueba de que las actividades estructuradas, los DVD o las tarjetas ilustradas mejoren la cognición o el desempeño escolar más adelante. En efecto, el exceso de estímulo puede tener el efecto contrario al privar al bebé de un tiempo crucial para dormir.

Cerebro dormido, cerebro activo

La noción errada de que el sueño es señal de pereza o debilidad es comprensible. El sueño se parece mucho al estado en el cual caemos cuando estamos demasiado cansados para continuar con nuestro trabajo productivo y necesitamos apagarnos. Cuando dormimos permanecemos relativamente quietos y el rostro adquiere una expresión relajada y ausente. Nuestra capacidad para percibir el mundo –oír, sentir y ver– se reduce. Pero no puede decirse que en esa fase tranquila el cuerpo y el cerebro estén de vacaciones. Aunque en este momento nadie sabe realmente *por qué* dormimos, es claro que durante el estado de sueño se regulan varias funciones vitales. Lo sabemos al observar las consecuencias graves de la falta de sueño. En un informe publicado en 2006, el Instituto de medicina afirmaba que la falta de sueño en los adultos se asocia con un riesgo más

 Es claro que durante el estado de sueño se regulan varias funciones vitales.

elevado de hipertensión, diabetes, obesidad, depresión, ataques cardíacos y accidentes cerebrovasculares. Los científicos de la Universidad de Chicago demostraron que apenas once días después de un programa de restricción del sueño, un grupo de hombres jóvenes y sanos desarrollaron síntomas prediabéticos y produjeron menores niveles de la hormona de crecimiento. Otros científicos investigan la conexión entre la falta de sueño y una deficiente función inmunológica.

Y es durante el sueño que el cerebro tiene la oportunidad de realizar parte de su trabajo más eficiente. El cerebro procesa información mientras duerme. Utiliza el tiempo de sueño para codificar y consolidar lo aprendido durante el día. Esta podría ser la razón por la cual nos despertamos con la mente lúcida y despejada después de una noche de sueño reparador. Es como si toda la información del día se hubiese archivado en el lugar correcto de donde la podremos recuperar para utilizarla de la mejor manera posible. Cuando no duerme bien, el cerebro es como una especie de escritorio desordenado donde se amontonan los papeles y es más difícil recordar dónde está la información más importante y todavía más difícil aplicar la información en el momento correcto.

En un estudio sobre el sueño y el aprendizaje, los investigadores Robert Stickgold y Matthew Walker de Harvard enseñaron a un grupo de estudiantes diestros a utilizar la mano izquierda para digitar una serie de números complejos en un teclado. Después de una sesión de entrenamiento, los estudiantes aumentaron la velocidad en un 60 por ciento. ¿Pero pudieron mejorar su desempeño? Cuando se les hicieron las pruebas horas después, los estudiantes no mejoraron su desempeño. Sin embargo, tras una noche de sueño reparador, la velocidad de los estudiantes a la mañana siguiente aumentó en un 20 por ciento, a pesar de no haber tenido primero una sesión de práctica. Estos y otros hallazgos sugieren que no solamente la estimulación es importante para el aprendizaje, sino también el sueño que se obtiene *después* de la estimulación. Estos estudios también explican en parte la razón por la cual los bebés duermen tantas horas al día. Según el doctor Walker, "La intensidad de su aprendizaje puede ser el motivo por el cual el cerebro ansía grandes cantidades de sueño".

El sueño también puede contribuir al desarrollo del pensamiento abstracto, uno de los niveles más elevados de pensamiento. En un estudio de la Universidad de Arizona, los investigadores expusieron a un grupo de bebés de quince meses a una grabación de frases cortas de un lenguaje artificial. El lenguaje se construyó sobre unas relaciones entre palabras semejantes a las del idioma inglés. Pusieron las frases repetidamente hasta que los bebés se familiarizaron con los sonidos. Después, a algunos de los bebés se les permitió dormir a las horas de sus siestas regulares mientras que a los otros no se les permitió dormir. Cuatro horas después, los investigadores pusieron nuevamente las grabaciones. También pusieron otras grabaciones distintas con el mismo lenguaje artificial pero con nuevas relaciones entre las primeras y las últimas palabras de cada frase.

El sueño también puede contribuir al desarrollo del pensamiento abstracto, uno de los niveles más elevados de pensamiento.

Mediante una técnica bien establecida para estudiar a los lactantes, basada en el examen atento de la mirada, los científicos hicieron el seguimiento a la capacidad de los bebés de reconocer los sonidos. Los dos grupos de bebés pudieron reconocer la grabación conocida, pero los bebés que durmieron pudieron utilizar mejor el conocimiento adquirido con la primera grabación para ayudarse a reconocer los nuevos patrones de la segunda.

Uno de los argumentos más convincentes sobre la conexión entre el sueño y el aprendizaje es muy sencillo: es más difícil prestar atención o tan siquiera interesarse por información nueva cuando uno está cansado. Las imágenes del cerebro muestran que este debe reclutar recursos adicionales y es menos eficiente cuando tiene sueño. Las personas cansadas pierden capacidad para mantenerse alertas, para resolver los problemas complejos y para flexibilizar su pensamiento, probablemente debido a la falta de interés por la actividad que tienen entre manos.

Quizás usted haya tenido la experiencia de perder cosas cuando está bajo el efecto del cansancio –una señal clásica de la pérdida de atención– o de sentir que necesita recurrir a sus reservas de energía para realizar la más básica de las actividades. En esas circunstancias, ¿quién puede aprender bien o disfrutar la vida? Aunque nadie ha estudiado directamente las consecuencias de la falta de sueño sobre el lapso de atención del bebé, he visto muchos bebés privados de sueño que no logran fijar su atención ni interesarse por el mundo que los rodea. El sueño ayuda al bebé a disfrutar mucho más el tiempo que permanece despierto, y a interesarse por su mundo.

El sueño ayuda al bebé a disfrutar mucho más el tiempo que permanece despierto, y a interesarse por su mundo.

El primer año de vida del bebé es crítico puesto que el aprendizaje ocurre a una velocidad mucho mayor que el resto de la vida. Los bebés deben aprender a controlar sus extremidades, a descifrar lo que oyen y lo que ven, a identificar a las personas cercanas, a alimentarse y con el tiempo a comunicarse con las demás personas y a manipular su entorno. Es un período durante el cual sí es importante rodear al bebé de cariño y estímulo, pero *también* para permitirle dormir cuanto sea necesario para que su cerebro en desarrollo pueda clasificar la nueva información y archivar los recuerdos de las cosas recién aprendidas.

Más sueño se traduce en menos llanto

Hay otras razones para fomentar el sueño del bebé. Una de ellas es que el sueño reduce ese llanto misterioso que lleva a los padres primerizos a entrar en pánico. ¿Por qué lloran los bebés cuando tienen sueño? Véalo de esta manera. La mayoría de nosotros los adultos sabemos lo que produce la falta de sueño. Nos tornamos irritables, impacientes, rabiosos e inquietos. Tenemos la ira y el llanto a flor de piel. A medida que se acumula la falta de sueño, experimentamos la paradoja de no poder dormir por el exceso de cansancio y es cada vez más difícil calmarnos.

Los bebés se nos parecen mucho en ese sentido. Cuando están cansados, los bebés lloran, se muestran inquietos y no prestan atención. He visto muchos bebés agobiados por el cansancio crónico a quienes se les califica de "llorones", "necesitados", "aferrados", o "difíciles". Al no tener un bebé bien descansado para comparar, los padres no se dan cuentan de que sus bebés podrían ser más dulces, más juguetones y más divertidos si sencillamente pudieran dormir más. Los padres pueden llegar al punto de dar por sentado y tolerar el comportamiento problemático del hijo sin darse cuenta de que han perpetuado una situación que podrían corregir con solo manejar correctamente el sueño. Una vez trabajé con una pareja cuya hija de once meses era difícil de manejar todos los días. Hacía tiempo que se habían resignado a aceptar que era irritable por naturaleza. Tan pronto pusieron en práctica mis recomendaciones, la niña comenzó a dormir más profundamente y durante más tiempo. Durante las horas de vigilia se mostraba más tranquila y flexible. Tan dramático fue el cambio que el padre le preguntó en broma a su esposa: "¿Acaso nos cambiaron a nuestra hija?" No, sencillamente estaba durmiendo el tiempo suficiente.

Además, para todo el mundo es muy difícil un bebé irritable a toda hora. El llanto aparentemente interminable de un bebé puede poner a prueba el lazo que une a los padres con su hijo. Un estudio canadiense con casi quinientas madres demostró que el puntaje en las pruebas de vitalidad era menor cuando sus hijos rara vez parecían apacibles y cuando no tenían horarios regulares para dormir y comer. Cuando las madres aprenden a predecir en qué momento tendrán sueño sus niños, el grado de tensión disminuye y tienen más energía para disfrutar de sus bebés.

Cuando los lactantes bien descansados se convierten en niños que comprenden cómo dormir bien, es mayor la probabilidad de que desarrollen el control emocional que viene con una cantidad apropiada de sueño. Los niños que duermen el tiempo suficiente tienen una mayor probabilidad de aprender a controlar sus impulsos, desarrollar empatía, aprender las consecuencias de sus actos y calmarse a sí mismos. Es mucho más difícil imponer límites a los bebés privados de sueño que después se convierten en niños faltos de sueño. Esos niños no son malos por naturaleza sino que están demasiado cansados para controlar sus emociones o concentrar su atención.

Un buen dormir en el presente se traduce en un buen dormir en el futuro

Remóntese a esa época de su vida en que tenía menos responsabilidades y podía trasnochar durante la semana y aprovechar una deliciosa siesta el sábado en la tarde. Aprovechaba su libertad y también la capacidad de su cuerpo para recuperarse de la falta de sueño. Cuando los adultos se privan de un buen descanso, por lo general pueden compensar con un sueño restaurador en el cual las ondas lentas son especialmente profundas.

Cuando el bebé logra dormir el tiempo que necesita, con el tiempo aprende a saber cómo es un buen sueño y la probabilidad de que duerma bien en su vida de niño y adulto aumenta.

Los bebés no pueden hacer lo mismo porque sus cerebros no están preparados aún para recuperar sueño. Al igual que el sistema visual, el lenguaje y las destrezas emocionales están en formación durante el primer año de vida, también el sistema de regulación del sueño del bebé está en construcción. En otras palabras, el cerebro del bebé debe *aprender* a dormir. Los bebés no nacen sabiendo lo que significa sentir deseos de dormir, cómo dormir, cómo permanecer dormidos, o cómo y cuándo despertar. Cuando el bebé logra dormir el tiempo que necesita, con el tiempo aprende a saber cómo es un buen sueño, y la probabilidad de que duerma bien en su vida de niño y adulto aumenta.

Cuando la falta de sueño se prolonga durante largos períodos, los bebés comienzan a actuar como los pacientes de los hospicios o de las unidades de cuidados intensivos, quienes viven en un estado de alerta que más parece sueño y un sueño menos que satisfactorio. La separación entre el sueño y la vigilia se desdibuja. Estos bebés tienen un sueño superficial de mala calidad y se despiertan fácilmente. También aumenta en ellos la probabilidad de que opongan resistencia y lloren a la hora de ir a la cama, porque no saben cuándo tienen sueño, y porque no sienten una energía positiva en las mañanas después de haber dormido bien. Tristemente, estos bebés corren el riesgo de convertirse en niños y adolescentes carentes de sueño. Es probable que le digan por ahí que su bebé "ya superará" su problema de sueño, pero la verdad es que varios estudios han demostrado que los problemas de sueño sin resolver tienden a prolongarse durante la infancia y quizás después.

Esa es una situación que usted debe tratar de evitar a toda costa, porque hay una relación estrecha entre la falta de sueño y problemas serios durante la infancia como el trastorno del déficit de atención e hiperactividad, aumento de peso, lesiones y enfermedades frecuentes, y hasta problemas de crecimiento. La falta de sueño también tiene relación estrecha con el mal desempeño escolar. Un estudio publicado en 2005 en la revista *Sleep* demuestra que es más frecuente oír a los maestros describir a los niños privados de sueño como olvidadizos, distraídos y más lentos para comprender la información nueva. A medida que los niños crecen, los problemas son mayores: los preadolescentes con problemas de sueño tienen mayor probabilidad de perder el año escolar. Por su parte, los niños bien descansados llevan la ventaja. Los estudios han demostrado, uno tras otro, que los niños que duermen bien obtienen notas más altas y mejores puntajes en pruebas cognoscitivas. En efecto, el buen descanso es un factor primario de predicción del buen desempeño escolar. No importa cuál sea su nivel de educación, su situación familiar o su condición social, dormir bien es una ventaja académica que usted está en condiciones de brindarle a su hijo.

Asuma la defensa del sueño

Siempre que sienta la presión de sacrificar la siesta de su bebé en aras de alguna experiencia supuestamente educativa, recuerde lo siguiente: el mundo entero es una experiencia nueva para su bebé, y él recibe suficiente instrucción con solo mirarse las manos, oír su voz, jugar con juguetes u objetos de la casa sencillos y seguros, o sentir el aroma proveniente de la cocina.

El sueño ayuda al bebé a comprender lo que significan esas experiencias nuevas y a convertir esa comprensión en aprendizaje permanente.

Lo que el cerebro de su bebé necesita es dormir, tanto como sea posible, para procesar toda esa información, recordarla e integrarla con lo que ya sabe. El sueño ayuda al bebé a comprender lo que significan esas experiencias nuevas, y a convertir esa comprensión en aprendizaje permanente. No necesita más estímulos a través de clases o actividades estructuradas, en particular si esas actividades lo privan de su sueño o distraen a la madre impidiéndole reconocer las señales de sueño.

Ya cuenta con razones abundantes para asumir una defensa firme contra las presiones culturales que menosprecian el sueño y su importancia. Ahora veamos los ritmos del sueño del bebé y la forma de utilizarlos para mejorar el sueño de su hijo.

CAPÍTULO DOS

El ritmo no se detiene
Ritmos naturales de 90 minutos

Las personas que sufren de un grado severo de pérdida de sueño muchas veces se preguntan si es verdaderamente necesario dormir. Su razonamiento es que, después de todo, si el sueño es una necesidad biológica, ¿cómo es que pueden seguir de pie, caminar, hablar y trabajar? ¿Por qué no se desploman sobre el escritorio tras una noche de trabajo en la oficina ni cierran los ojos para una siesta en el autobús, camino a casa?

La respuesta se oculta en las profundidades del cerebro, en un paquete de células nerviosas denominado el núcleo supraquiasmático. El núcleo supraquiasmático es el almacén donde se guardan los relojes del cuerpo. Estos

✳ ✳ ✳ ✳ ✳ ✳ ✳ ✳ ✳ ✳ ✳ ✳ ✳ ✳ ✳ ✳ ✳

Hay distintos relojes para regular los diferentes aspectos de la fisiología. relojes regulan casi todas nuestras funciones biológicas y están presentes prácticamente en todos los organismos. Hay distintos relojes para regular los diferentes aspectos de la fisiología. Tenemos relojes que repiten una vez al año, una vez al mes, una vez al día, y a otros intervalos. Por ejemplo, a finales del verano nacen más bebés que en cualquier otro momento del año, lo cual sugiere que hay relojes anuales que regulan la secreción de las hormonas sexuales. Hay relojes mensuales que regulan el ciclo menstrual y la ovulación de la mujer. También hay relojes diarios, conocidos como ritmos circadianos y el más famoso de estos es el que regula el ciclo de vigilia y sueño del adulto.

Los ritmos circadianos promueven la liberación de ciertas hormonas del estrés –adrenalina, vasopresina y cortisol– a fin de promover el despertar en las mañanas. (No es coincidencia que el núcleo supraquiasmático reciba información directa del ojo y la retina.) Cuando cae la noche se libera otra hormona llamada melatonina, la cual ayuda a reducir el estado de alerta y prepararnos para el sueño. Incluso cuando estamos muy cansados, después de un turno nocturno de ocho horas o de no poder dormir a causa del llanto del bebé, es difícil para nosotros los adultos anular el efecto de los ritmos circadianos y recuperar durante el día el sueño perdido durante la noche, por quedar programados, por así decirlo, para la vigilia. Esto es especialmente cierto en la mañana, cuando el núcleo supraquiasmático nos envía señales fuertes para permanecer alertas. Las claves sociales y ambientales, como las horas de las comidas y la luz solar, también contribuyen de manera significativa a la vigilia durante el día. El núcleo supraquiasmático tiene la función de promover la vigilia durante los períodos de luz solar. Esa es la razón por la cual, pese a una falta significativa de sueño, los adultos podemos permanecer despiertos en el trabajo o mientras cuidamos de nuestros hijos pequeños.

Aparte de los relojes diarios como el ritmo circadiano y otros ciclos mensuales y anuales, tenemos relojes que funcionan por períodos inferiores a un día. Son los denominados ciclos ultradianos, y son la clave para comprender el sueño del bebé.

En los años 1950, Nathaniel Kleitman, pionero de la investigación sobre el sueño, y sus colaboradores, descubrieron que el sueño consta de dos fases diferentes: la fase de los movimientos oculares rápidos (o REM por su sigla en inglés) durante la cual se producen los sueños, y la fase de ausencia de movimientos oculares rápidos (o NREM). Estos dos estados son notablemente diferentes. El sueño REM es bastante activo. Tan activo es en realidad que los investigadores suelen llamarlo "sueño paradójico". La paradoja radica en la gran actividad del cerebro unida al reposo absoluto del cuerpo. Durante el sueño REM, las señales eléctricas de la corteza cerebral (la capa de materia gris que recubre la superficie externa del cerebro, reconocible por sus pliegues y surcos) son intensas y se activan con patrones irregulares semejantes a los que se observan durante los períodos de vigilia. Durante la fase REM se producen las imágenes y los sueños, y las frecuencias cardíaca y respiratoria son irregulares. Pueden observarse sacudidas musculares y expresiones faciales de corta duración, una mueca, una sonrisa efímera. En este estado, el cerebro utiliza tanta energía como la que consume durante los períodos de vigilia. Cuando el despertar es natural, sin la ayuda del despertador o el llanto del bebé, por lo general ocurre al final de un ciclo de sueño REM, posiblemente debido a la semejanza entre esta fase y la vigilia.

Por su parte, el sueño NREM (no REM) es el estado de desconexión y relajación total que la mayoría de la gente asocia con el sueño profundo. En esta fase, el cuerpo por lo general permanece inmóvil; hasta los ojos permanecen estáticos. Puede haber algo de ensoñación, pero no se parece a los sueños vívidos, fantásticos y narrativos asociados con la fase REM. Las frecuencias cardíaca y respiratoria desaceleran y se tornan más parejas y regulares. Aunque en la fase NREM la actividad cerebral continúa, es muy diferente. Las señales eléctricas de la corteza se sincronizan y regularizan, y se producen disparos simultáneos de varios grupos grandes de células nerviosas. Las células nerviosas de la corteza se pueden comparar con un estadio lleno de gente: durante el sueño REM, todas las personas del estadio conversan animadamente entre ellas. Es un período de gran actividad y creatividad. Al entrar en el sueño NREM, es como si esas miles de conversaciones se acallaran al fijar los espectadores su atención en el juego. Al poco tiempo se forman grupos grandes de personas que comentan en voz baja las mismas cosas al mismo tiempo. A medida que se profundiza el sueño NREM, la totalidad del estadio comienza a cantar los estribillos de las barras al unísono.

El doctor Kleitman descubrió que el cerebro alterna de manera previsible entre el NREM relativamente inactivo y el REM muy activo, con una frecuencia de 90 minutos aproximadamente. También planteó la teoría de que el ciclo de 90 minutos es una unidad de tiempo fundamental para muchas de las otras funciones corporales. Le dio a este ciclo de 90 minutos el nombre de ciclo básico de reposo y actividad o CBRA, término al cual hicimos referencia anteriormente y que aún se utiliza en la actualidad. El CBRA es un reloj interno programado que regula los patrones de actividad del cerebro y otras funciones fisiológicas de una forma previsible y repetitiva en el tiempo. Estos relojes alternan los períodos de reposo y de actividad.

Con el paso del tiempo, la investigación ha demostrado que la teoría de Kleitman es correcta. Cuando se pone a una persona en un recinto sin el bombardeo normal de las claves de tiempo provenientes de estímulos como la luz, las comidas a horas determinadas, o la televisión, esta comienza a presentar decenas de funciones físicas enmarcadas en ciclos de 90 minutos. Por ejemplo, realiza algún tipo de actividad oral (comer, beber o fumar) cada 90 minutos mientras está despierta. Los patrones de actividad eléctrica entre los dos hemisferios del cerebro parecen alternar de acuerdo con un ciclo de 90 minutos; diversas hormonas como la corticosterona tienen una presencia más fuerte en el torrente sanguíneo cada –¡adivinó bien!– 90 minutos.

Entre otras funciones corporales reguladas por el ciclo de 90 minutos están la frecuencia cardíaca, la producción de orina, el consumo de oxígeno, la motilidad gástrica (llenado y vaciamiento del estómago), y los patrones de la respiración nasal.

Los ciclos de 90 minutos también regulan los estados de alerta durante el día. Como parte de esos ciclos hay momentos en los que estamos muy despiertos, otros en los que nos concentramos en silencio, y otros que dedicamos a soñar despiertos. Cuando los adultos llegamos al final de un ciclo del estado de alerta, perdemos ligeramente la capacidad de atención, la cual se intensifica nuevamente antes de entrar en el siguiente ciclo de 90 minutos.

Sin embargo, durante el primer año de vida, este ciclo de 90 minutos es muy pronunciado. Al final de cada ciclo, los bebés no solamente pierden su capacidad de atención sino que se manifiesta en ellos lo que Alexander Borbély –director del Laboratorio del sueño del Instituto de farmacología de la Universidad de Zúrich– ha denominado la "presión para dormir", la cual necesitan descargar a través del sueño. El propio Kleitman documentó este patrón en su laboratorio con su hijo de ocho meses. Muchos especialistas, y yo también me incluyo, creemos que si Kleitman hubiera tenido acceso a la enorme capacidad de análisis de los programas de cómputo, habría podido aislar el patrón mucho antes de los ocho meses. Infortunadamente, el interés por la investigación del sueño de los bebés en el laboratorio ha disminuido en los últimos decenios, y además es fácil comprender la renuencia de los padres a permitir que

El CBRA *es* invariable, confiable como un metrónomo en su religiosa marcación del ritmo. sus bebés sean sujetos de estudio en un laboratorio. Sin embargo, el ciclo de 90 minutos en los ritmos de los lactantes, incluidos los estados de alerta, goza de gran aceptación entre los investigadores del sueño, gracias a la constancia notable del CBRA en tantas otras funciones humanas.

La fisiología humana se caracteriza por ser variable e impredecible; no obstante el CBRA *es* invariable, confiable como un metrónomo en su religiosa marcación del ritmo. (El CBRA también está presente con la misma constancia en otros mamíferos, aunque su duración varía de una especie a otra. Mientras los humanos funcionamos con ciclos básicos de reposo y actividad de 90 minutos, en los monos este ciclo es de 72 minutos y en los gatos de tan solo 24 minutos.)

Personalmente quisiera ver que se hagan más estudios sobre los bebés y el CBRA; sin embargo, no quiero quedarme esperando a que lleguen unas subvenciones más cuantiosas para compartir lo que he observado una y otra vez en experiencias directas con centenares de padres y bebés. Esta experiencia me lleva a concluir que el ciclo de 90 minutos suele estar presente desde el nacimiento –la figura de la página 48 muestra el CBRA de 90 minutos de un bebé– aunque algunos neonatos tienen ciclos más cortos de sueño antes de madurar para establecerse en un CBRA de duración completa. Para cuando el bebé cumple su primer año de edad, los trazados del sueño comienzan a parecerse

* * * * * * * * * * * * * * * * * *

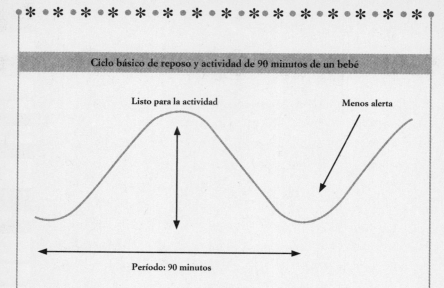

Ciclo básico de reposo y actividad de 90 minutos de un bebé

Listo para la actividad

Menos alerta

Período: 90 minutos

a los del adulto y, en la mayoría de los casos, el ciclo de 90 minutos pierde su control sobre el comportamiento de sueño. (En algunos casos, el ciclo parece prolongarse hasta los dos años aproximadamente.)

¿Qué significa esto para usted? Significa que *al final del ciclo de actividad, el bebé está listo para dormir.* Es sobre este ciclo que se apoya mi plan N.A.P.S.

¿Cómo es que el bebé puede sentir sueño nuevamente?

Conviene repetir: *al final del ciclo de actividad, el bebé está listo para dormir.* Esos períodos de 90 minutos sorprenden y preocupan a muchos adultos que no comprenden fácilmente que la ventana de actividad de un bebé sea tanto más corta que la nuestra. Una madre puede quedar atónita al ver que su bebé, tras despertar a las 7:00 a.m., comienza a bostezar y a frotarse nuevamente los ojos a las 8:30 a.m. "¿Cómo puede tener sueño, si durmió toda la noche?" se pregunta.

No hay de qué preocuparse. En efecto, el bebé hace exactamente lo que debe hacer. Tan pronto como despierta comienza a funcionar su reloj de los 90 minutos. Otro hecho que puede sorprender a los padres es que no importa cuánto tiempo haya dormido el bebé antes de despertar. No importa si ha dormido una siesta corta o toda la noche; en ambos casos, el reloj de 90 minutos comienza a andar tan pronto despierta. Y después de 90 minutos de vigilia, el bebé termina la fase de actividad gobernada por su reloj interno y es en ese momento cuando puede conciliar fácilmente el sueño. Estará listo para tomar una siesta o, si es al final de la tarde, estará listo para su sueño nocturno. Si el progenitor está sintonizado con estas fases y le permite al bebé dormir cuando está cansado, este estará en armonía con su ritmo interno, lo cual se traduce en un sueño más reparador y mayor capacidad de atención durante los períodos de vigilia.

¿Por qué necesitan los bebés ayuda para acoplarse a sus ciclos?

Los padres a veces reciben con escepticismo el concepto del ciclo de los 90 minutos. "Si es tan natural", preguntan, "¿por qué sencillamente los bebés no cierran los ojos y se duermen cada 90 minutos?" La pregunta es excelente. Una de las cosas fascinantes de este reloj biológico es que no induce sueño a una determinada hora. Lo que hace el reloj es gobernar la vigilia; hace que el bebé *despierte* a una determinada hora. Después, cuando el conteo del reloj termina, retira el estado de alerta para permitir el sueño.

Si bien la diferencia es sutil, tiene implicaciones importantes para los padres. Sabemos que los adultos tienen dificultad para conciliar el sueño a la mitad de la mañana o al final de la tarde por muy somnolientos que estén, cuando sus ritmos biológicos los impulsan a mantenerse despiertos y activos. Los bebés pueden experimentar el mismo problema. Si los padres no ayudan al bebé a dormir cuando se agotan los 90 minutos del reloj, se iniciará otro ciclo de vigilia y, aunque el bebé esté cansado, el reloj se dedicará a mantenerlo despierto. Le será muy difícil al bebé dormirse antes de que el ciclo llegue a su fin y disminuya naturalmente su estado de alerta. De ahí la importancia de que los padres le sigan la pista al ciclo (veremos esto en más detalle más adelante). Si los padres no detectan las señales de fatiga del bebé o las interpretan equivocadamente como que necesitan mayor estímulo, pueden dejar pasar la oportunidad de ayudar al pequeño a dormir y terminarán con un bebé supremamente cansado.

Otra razón por la cual los bebés sencillamente no se duermen al final de cada ciclo se relaciona con una de las diferencias fundamentales entre el sueño del bebé y el del adulto. Para los adultos, quedarse dormidos parece natural, tan natural que la imposibilidad de conciliar el sueño

De ahí la importancia de que los padres le sigan la pista al ciclo (veremos esto en más detalle más adelante). Si los padres no detectan las señales de fatiga del bebé o las interpretan equivocadamente como que necesitan mayor estímulo, pueden dejar pasar la oportunidad de ayudar al pequeño a dormir y terminarán con un bebé supremamente cansado.

muchas veces se considera como una condición médica que amerita tratamiento con terapia conductual o fármacos. ¡Imagine si solo pudiéramos conciliar el sueño en el asiento trasero de un automóvil –como lo hacen tantos bebés– o mecidos en los brazos de otra persona!

Pero los bebés de corta edad (en particular durante los primeros seis meses de vida) están en pleno desarrollo neural y muchos no están todavía listos para dormir por su cuenta. Claro está que hay excepciones. Todos hemos oído historias sobre bebés extraordinarios que cierran sus diminutos párpados a las 7 p.m. y duermen toda la noche a los 2 meses de edad. Sin embargo, esos bebés son realmente excepcionales y es importante saber que durante los primeros meses de vida el cerebro del bebé no es como el del adulto. En la edad adulta, las percepciones del mundo permanecen completamente intactas. Podemos recurrir a muchos atajos para comprender el mundo y las cosas que contiene. Sabemos cuáles sonidos, imágenes y olores merecen nuestra atención, y cuáles no. Hasta en un recinto atestado y ruidoso podemos identificar la voz de una persona que pronuncia nuestro nombre. Cuando queremos dormir, podemos dejar de oír el ruido del refrigerador, no sentir el peso de las mantas sobre la piel y no prestar atención a las protestas ocasionales de los intestinos.

Los bebés carecen de esa capacidad de excluir la información sensorial irrelevante. Para poder llegar a saber cuál información es importante y cuáles cosas pueden descartar, deben experimentar el mundo y todo lo que contiene, día tras día. Los ingenieros hablan de "relación señal a ruido" para designar en qué medida es comprensible la información significativa contra un fondo de ruido. En la vida de un bebé de corta edad hay mucho "ruido" neural. El bebé no tiene otra alternativa que aceptar todas las sensaciones que bombardean su cerebro y luchar por encontrarle algún sentido a toda esa información. En medio de esa cantidad de actividad, le es difícil concentrarse en la señal que le envía el cerebro indicándole que es hora de dormir.

De cierta manera, los bebés son como los adultos que han recuperado la vista después de haber estado ciegos. El ciego que recupera la vista puede ver los colores, las formas y las sombras, pero desconoce el significado de todo lo que ve porque no ha tenido práctica suficiente con el procesamiento de la información visual y no sabe cuáles son los elementos de dicha información a los que debe prestar atención. No comprende cuáles colores oscuros son parte integral de un objeto, por ejemplo, y cuáles corresponden a la sombra proyectada por el objeto. La vida del lactante debe ser igualmente confusa, pero en una escala mucho mayor. Existen tantas imágenes, texturas, y sensaciones físicas, incluso cuando está cansado y necesita dormir, que el bebé se ve obligado a prestar atención prácticamente a todos los elementos de información que le llegan.

Es difícil imaginar tan siquiera lo frustrante que debe ser para el bebé sentir la necesidad de dormir y no poder hacer algo al respecto. Esa es una de las razones por las cuales los bebés lloran cuando tienen sueño. Los adultos no debemos suponer que el bebé que llora está aburrido y necesita entretenimiento. Los juguetes que cantan y los móviles de colores vivos son precisamente la clase de cosas que *no* necesitan en ese momento. Nos toca a nosotros proporcionarle un ambiente sereno y un movimiento repetitivo como mecerlo, para ayudar a que se calme y pueda centrar su atención.

Los ciclos de 90 minutos durante el primer año de vida del bebé

En lo que respecta a los patrones de sueño y vigilia, el reloj de 90 minutos es la unidad básica de tiempo del cerebro durante el primer año de vida. A medida que el bebé comienza a iniciar el sueño conforme a este reloj que marca la actividad, sus episodios de sueño tenderán a prolongarse durante múltiplos de 90 minutos. Aunque no hay reglas fijas sobre el tiempo que debe durar una siesta diurna, probablemente comenzará a identificar que algunas duran una hora y media *o* tres horas. El sueño nocturno también ocurrirá por lo general en múltiplos de 90. Durante el período neonatal, estos múltiplos podrán ser cortos, pero a medida que el bebé crece, los períodos de sueño nocturno se pro-longarán: cuatro horas y media, seis horas, siete horas y media, nueve horas y diez horas y media, o más.

El reloj de los 90 minutos continúa funcionando a medida que crece el bebé, pero poco a poco habrá perío-dos más largos de vigilia durante el día: muchas veces dos bloques consecutivos de 90 minutos (es decir, tres horas) o a veces hasta tres períodos consecutivos de 90 minutos (cuatro horas y media). Al cumplir el primer año de edad, este reloj tiene un efecto menos marcado sobre el sueño, aunque algunos padres continúan viendo su influencia. Sin embargo, el ritmo de 90 minutos retiene su preponderan-cia durante toda la vida.

Los bebés que siguen sus ritmos de 90 minutos desarrollan mejores hábitos de sueño

Cuando los padres identifican el ritmo de los 90 minutos en su bebé, entran por el camino de poder enseñarle destrezas importantes. El bebé aprenderá a identificar su sensación de fatiga y a saber que dormir, en lugar de comer o recibir estí-mulo o llorar, es la solución para eliminar esa sensación. Al despertar descansado en las mañanas y después de las sies-tas, comenzará a relacionar esa sensación de bienestar con un buen sueño. Cuando un bebé, aun si es recién nacido, sincroniza su sueño con su ritmo biológico, es más probable que duerma siestas satisfactorias en el día y durante períodos más prolongados en la noche. Cuando su sistema nervioso

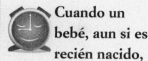 **Cuando un bebé, aun si es recién nacido, sincroniza su sueño con su ritmo biológico, es más probable que duerma siestas satisfactorias en el día y durante períodos más prolongados en la noche.**

(el cual se desarrolla a gran velocidad) esté listo, encontrará el Santo Grial de la infancia: dormir toda la noche hasta el amanecer.

Con el tiempo, cuando su bebé tenga la edad apropiada (generalmente entre los seis y los ocho meses), el plan N.A.P.S. le enseñará cómo quedarse dormido sin ayuda. Quizás haya oído historias terroríficas de niños que lloran y protestan durante una eternidad antes de adquirir la independencia para dormir, pero los bebés bien descansados que pueden seguir sus ritmos biológicos tienden a aprender esta destreza rápida y fácilmente, muchas veces con mínimos episodios de llanto. Y aunque no se puede negar que los pequeños que ya caminan pueden ser criaturas obstinadas, ansiosas de hacer valer su independencia a la hora de dormir, el plan N.A.P.S. reduce las probabilidades de que la hora de dormir se convierta en motivo de guerra, porque los bebés que siguen sus ritmos biológicos tienden a comprender su somnolencia durante la niñez. ¡Hasta pueden llegar a pedir que los acuesten cuando están cansados!

Oriente a su hijo con confianza

Usted también se beneficiará. Podrá dormir más, por supuesto. Podrá disfrutar de una relación más placentera con

La historia de Fern: *un bebé con mucho cólico*

❝Mi hija Jessica sufrió mucho de cólicos cuando era bebé. Lloraba durante cuatro o cinco horas en el día, y a veces más. Las noches eran peores. Comenzaba a llorar hacia las cinco de la tarde y lloraba hasta las once o doce de la noche. Finalmente se dormía, pero no durante mucho tiempo. Yo la alimentaba, le cambiaba el pañal y la acostaba nuevamente, pero media hora después despertaba llorando. Leí siete libros para tratar de comprender el problema. Ahora sé que sufría de carencia de sueño.

"Para cuando Jessica cumplió las doce semanas de edad yo estaba tan cansada que no podía funcionar. Cuando supe sobre el ciclo de los 90 minutos, mi primera reacción fue pensar que no había forma que mi bebé pudiera dormir cada 90 minutos. Sin embargo, me gustó la idea de un método amable para manejar el sueño y el llanto de mi bebé, de manera que decidí ensayar.

"Jessica se había quedado dormida en el automóvil cuando regresaba a casa después de oír la conferencia de Polly. Tomé nota de la hora cuando despertó. Unos 90 minutos después, Jessica comenzó a llorar, pero no me pareció que tuviera mucho sueño. De todas maneras me senté en la mecedora con ella en los brazos. Cinco minutos después se durmió y entonces la pasé a su cuna donde durmió una larga siesta. Sobra decir que seguí aplicando el plan N.A.P.S. Los demás padres que iban al grupo de juegos se burlaban de mí por permitir a mi hija dormir con tanta frecuencia, pero al cabo de una semana, Jessica comenzó a dormir toda la noche.

"Jessica ya camina. Aunque ya no se sujeta estrictamente al ciclo de los 90 minutos, todavía presto atención a su necesidad de dormir, y es una de los únicos bebés del grupo de juegos que se va a dormir en la noche sin llorar. En realidad, los otros padres acuden a pedirme consejo para lograr que sus hijos duerman".

su bebé, porque un bebé bien descansado estará más tranquilo, más atento y más alegre. Quizás lo mejor de todo es que el plan N.A.P.S. elimina la necesidad de adivinar a toda hora. Todos los padres (y niñeros) han experimentado la frustración de tratar de aplacar el llanto desconsolado de un niño, primero con juguetes, después con comida, quizás con paseos en automóvil, pero si mantienen su atención en el reloj, sabrán cuándo un niño llora de fatiga. Siempre siento una gran satisfacción cuando los padres con quienes trabajo dicen sentirse más confiados para responder a las necesidades de sus bebés.

El plan N.A.P.S. es fácil de aplicar, como verá en el capítulo siguiente. Gracias a unas medidas sencillas, usted y su bebé comenzarán a disfrutar los beneficios de un mejor dormir.

CAPÍTULO TRES

El plan N.A.P.S.
Los fundamentos

esarrollé el plan N.A.P.S. para facilitar lo más posible la labor de seguir los ciclos de 90 minutos del bebé. El plan le ayudará a recordar lo que debe hacer y cuándo, y cómo detectar las señales de que su bebé está listo para dormir. El nombre del plan tiene un significado importante porque el reloj biológico de su bebé está diseñado para promover siestas cortas durante todo el día. Los bebés cuyos padres no son sensibles a esa necesidad de hacer siestas tienden a mostrarse irritables durante el día, hiperactivos durante la noche, y a no poder dormir bien a ninguna hora. A algunos padres les es difícil comprender el valor de este concepto; es solo hasta cuando ensayan el plan N.A.P.S. que descubren que dormir durante el día no solamente hace que el bebé esté más apacible, sino que pueda dormir más en las noches.

El siguiente es el esquema resumido del plan N.A.P.S.

N: tome **n**ota de la hora a la cual despertó su bebé la última vez.

A: sume 90 minutos.

P: **p**ractique juegos y otras actividades con su bebé.

S: calme a su bebé para ayudarle a conciliar el **s**ueño.

Como puede darse cuenta, el plan N.A.P.S. consta solamente de cuatro pasos, ninguno de los cuales es difícil de aplicar una vez usted se sintonice con los ciclos de 90 minutos y las señales que le indican que su bebé desea dormir. Si sigue el plan, podrá brindar las condiciones ideales para la siesta perfecta en el momento en que su bebé siente la necesidad de dormir, siesta que deberá prolongarse hasta que el bebé despierte espontáneamente.

Tome nota de la hora a la cual despertó su bebé la última vez

El primer paso consiste en tomar nota de la hora a la cual despertó su bebé la última vez. Tan pronto como sienta que comienza a despertar, mire el reloj y anote la hora (en el diario que aparece en este libro, a partir de la página 197 encontrará una planilla útil para esa finalidad).

✳ ● ✳ ● ✳ ● ✳ ● ✳ ● ✳ ● ✳ ● ✳ ● ✳ ● ✳ ● ✳ ● ✳ ● ✳ ● ✳ ● ✳

El primer paso del plan N.A.P.S. no ofrece dificultad alguna, aunque quizás implique que usted esté más pendiente del reloj. Esto puede parecerles extraño a los padres primerizos porque, con las noches de insomnio al final del embarazo, el trabajo de parto, el parto y el cuidado incesante del bebé, se ven lanzados a un mundo en el cual el tiempo ha perdido su significado de siempre. Sin embargo, haga el esfuerzo de tomar nota de la hora exacta.

Observe que este paso *no* exige despertar al bebé a una hora determinada. En eso es diferente de algunos consejos populares que justifican esa conducta con base en el argumento de que así el bebé duerme mejor en la noche o ayuda a mantener un horario ordenado. Claro está que unas noches tranquilas y unos días organizados son importantes para la salud mental de los padres, pero ni lo uno ni lo otro se podrá lograr perturbando las siestas del bebé. Es preciso dejar que el bebé despierte espontáneamente. El plan N.A.P.S. funciona porque le enseña al bebé a seguir sus propios ritmos internos, incluidos los momentos para dormir y los momentos para despertar.

El poder despertar espontáneamente le ayuda al cerebro del bebé a aprender a hacer dos cosas. Uno de los objetivos importantes del sueño es descargar la energía acumulada durante la vigilia. El despertar natural le enseña al bebé a dormir hasta que se completan esa y otras tareas de mantenimiento neurológico. Si el bebé se ve sometido a despertares artificiales durante sus siestas diurnas, su cerebro no logrará beneficiarse plenamente de ese aprendizaje, con el resultado de que *tanto* sus siestas *como* su sueño

✳ ✳ ✳ ✳ ✳ ✳ ✳ ✳ ✳ ✳ ✳ ✳ ✳ ✳ ✳

nocturno se acortarán. Aunque a veces le preocupe que una siesta o el sueño de la mañana se prolongue "más de la cuenta", no despierte a su bebé. Lo mismo debe decirse de los niños que ya comienzan a caminar, y dicho sea de paso, éste sería un mundo maravilloso si los adolescentes y los adultos también pudieran vivir de acuerdo con sus propios ritmos en lugar de tener que utilizar el reloj despertador. Véalo de esta forma: dormir es como respirar. No hay forma en que el bebé pueda respirar más de la cuenta en el día para no tener que respirar en la noche. Lo mismo debe decirse del sueño.

Hay excepciones a la regla de no despertar al bebé. Los lactantes de bajo peso al nacer y otros con necesidades especiales quizás deban ser despertados para que coman. Su pediatra le informará si las necesidades nutricionales de su bebé deberán tener prioridad sobre los beneficios del despertar natural y, como es obvio, usted deberá seguir sus recomendaciones. Otras circunstancias como un viaje a través de diferentes zonas horarias, o la necesidad de manejar unos horarios en caso de gemelos o trillizos, también pueden justificar el despertar artificial. Estas situaciones se describen en más detalle en la página 227.

Dormir es como respirar. No hay forma en que el bebé pueda respirar más de la cuenta en el día para no tener que respirar en la noche.

Claro está que habrá momentos todos los días de la vida con un solo bebé sano en los que tendrá que perturbar una siesta, o para llegar a una cita médica, quizás, o para recoger a un hermano mayor en el colegio. No es mucho lo que puede hacerse frente a esas responsabilidades, de tal manera que no es cuestión de sentirse culpable. Los padres no podemos estar en más de un sitio a la vez. Pero no despierte al bebé simplemente porque el abuelo desea jugar con él o porque usted se aburrió de esperar a que termine la siesta. Usted, el abuelo y el bebé podrán disfrutar de unos momentos mucho más placenteros si el niño está bien descansado.

Sume 90 minutos

Sume 90 minutos a la hora que viene de anotar (la hora a la cual despertó el bebé la última vez). Anote el número porque es su pista para saber en qué momento estará listo su hijo para dormir nuevamente. Por ejemplo, si su bebé despertó de la siesta a las 10:00 a.m., lo más probable es que la siguiente siesta sea a las 11:30 a.m. La regla de los 90 minutos se cumple, independientemente de cuánto tiempo haya dormido al bebé antes. Si durmió desde las 9:40 hasta las 10:00 a.m., estará listo para dormir nuevamente a las 11:30. Si durmió desde las 7:00 hasta las 10:00 a.m., también estará listo para dormir a las 11:30 nuevamente. ¿Por qué? Porque *al final del ciclo de vigilia, los bebés están listos para dormir como parte de su ciclo natural.*

Como mencioné anteriormente, el bebé comenzará a pasar más tiempo despierto a partir del cuarto mes aproximadamente. Esos períodos más largos de vigilia por lo general duran tres horas (o dos intervalos consecutivos de 90 minutos) o cuatro horas y media (o tres intervalos consecutivos de 90 minutos). Podrá leer más sobre estos cambios en las páginas 115-117 y 130.

Juego

Ahora que su bebé está despierto, es buen momento para cambiarle el pañal y darle de comer. Sugiero alimentarlo al comienzo del intervalo de 90 minutos y no al final, cuando le será más difícil distinguir entre el llanto por hambre y el llanto por sueño. Alimentar al bebé cuando está totalmente despierto significa también que comerá con mayor avidez hasta quedar saciado, en lugar de quedarse dormido antes de llenar el estómago. Los bebés que aprenden a consumir pequeñas cantidades de alimento tienen una mayor probabilidad de despertarse en la noche, a la espera de poder comer a intervalos frecuentes.

Ahora que ha satisfecho todas las necesidades básicas de su bebé, él estará listo para jugar. Si es su primer hijo, podrá sorprenderle saber que los bebés de pocas semanas de edad no juegan de la manera como estamos acostumbrados a reconocer el juego. No sujetan los juguetes, no ríen y tampoco sonríen todavía. Pero sí disfrutan de un período de vigilia apacible. Es el momento de alzarlos, cantarles o hablarles, o sencillamente permitirles que absorban la información del mundo. Los bebés mayorcitos pueden disfrutar algunas rondas infantiles mientras investigan su entorno o manipulan juguetes simples.

Este también es un buen momento para hacer diligencias. Su bebé bien descansado estará abierto al mundo y listo para algo de estimulación suave. Salir para pasar por la lavandería, el supermercado o visitar a los amigos representa una oportunidad para que su bebé experimente la vida por fuera de su habitación. Solo tenga presente que su bebé no podrá permanecer despierto durante mucho tiempo. Es verdad que es difícil hacer varios mandados en 90 minutos, pero el reloj de los 90 minutos es una realidad biológica, no algo sobre lo cual los padres puedan decidir. Todos los bebés de corta edad están hechos para tener sueño cada 90 minutos, bien sea que sus padres comprendan o no su necesidad biológica de dormir. Hacer mandados con un bebé cansado que llora en el banco y después se duerme en el automóvil –y despierta gritando cuando usted se estaciona en el supermercado unos minutos después– no es ni productivo ni agradable. Es mucho más placentero para los dos dividir las actividades en segmentos cortos que los dos puedan manejar. Se sorprenderá con cuánta frecuencia la gente en la calle le dirá, "¡Qué bebé más alegre!".

Arrulle al bebé soñoliento

Un paso crucial del plan N.A.P.S. es saber en qué momento comienza a llegar a su fin el ciclo de los 90 minutos, al final de la fase de actividad. Es el mejor momento para que el bebé concilie el sueño y duerma durante largo rato. Por tanto, es por su bien y por el del bebé que usted aprenda a

La historia de Ann: *¿una madre con suerte?*

" He aplicado el plan N.A.P.S. desde que nació mi hija. Cuando visito a mi familia me dicen que dejo dormir mucho a mi bebé. Pero acto seguido también agregan, 'Qué suerte tienes con esa bebé tan tranquila'. Sí, mi bebé es feliz, pero la suerte nada tiene que ver en ello. Está feliz porque la dejo dormir antes de que se ponga irritable. Si nos saltamos una siesta, es capaz de llorar tanto como los demás bebés que conocemos".

identificar el punto bajo del ciclo. Vuelva nuevamente sobre la ilustración de la página 48 y verá a lo que me refiero. Es el momento de arrullar al bebé y prepararlo para dormir.

La mejor forma de seguirle la pista al ciclo de 90 minutos es con el reloj. Ya ha anotado la hora a la que despertó la última vez y le ha sumado 90 minutos. Al aproximarse esa hora, prepárese para arrullar a su bebé y ayudarlo a dormir. ¿Cómo saber en qué momento comenzar a arrullar al bebé? Además de guiarse por el reloj, observe al bebé para ver las señales de somnolencia, las cuales describiré en el capítulo siguiente. Las señales pueden presentarse apenas unos minutos antes de completarse el ciclo, y le harán saber que el momento es propicio para ayudar al bebé a conciliar el sueño. Si sigue esas claves, verá que su bebé se duerme al poco tiempo de iniciar el ritual del arrullo.

Si sigue esas claves, verá que su bebé se duerme al poco tiempo de iniciar el ritual del arrullo.

❋ • ❋ • ❋ • ❋ • ❋ • ❋ • ❋ • ❋ • ❋ • ❋ • ❋ • ❋ • ❋ • ❋ • ❋

Detectar las señales de sueño suena fácil, pero la verdad es que puede no ser tan sencillo. Después de todo, no es que el bebé pueda decir, "Estoy cansado, mamá. Envuélveme en mi manta y ponme en la cuna, ¡rápido!" Y si espera que el bebé presente las mismas señales de fatiga que un adulto –bostezar, frotarse los ojos o entrecerrar los ojos– podrá no reconocer las claves. Eso se debe a que los bebés tienen su propia manera de expresar la somnolencia, y esos comportamientos tienden a ser diferentes de los suyos y los míos. Algunos son físicos, algunos emocionales, y algunos afectan la capacidad del bebé para enfocarse y prestar atención. Algunos bebés sí bostezan y se frotan los ojos (si tienen las destrezas motrices), pero muchos lloran o fijan la mirada a una distancia intermedia. En la tabla que aparece abajo encontrará una lista de las señales más comunes del sueño. Su bebé podría mostrar solamente una de varias en un momento dado; también podría presentar otras señales no enumeradas aquí. (Mi hija Maddie presentaba una señal bastante rara que no he visto en ningún otro bebé: cerraba los puños y echaba los brazos hacia atrás. También le cambiaba la expresión del rostro, como si desapareciera toda emoción.) Mi solicitud para usted es que anote las señales particulares de su bebé en el diario que aparece en las páginas 197-226 de este libro.

Quizás observe las señales de somnolencia antes de terminar el ciclo, hacia los 70 minutos aproximadamente. En ese caso, probablemente no sea cuestión de un ciclo irregular, sino que su bebé despertó antes y echó a andar el reloj antes de que usted se diera cuenta. Algunos bebés

✳ ● ✳ ● ✳ ● ✳ ● ✳ ● ✳ ● ✳ ● ✳ ● ✳ ● ✳ ● ✳ ● ✳ ● ✳ ●

se quedan callados cuando despiertan y juegan solos o se dedican a observar su entorno durante un tiempo, antes de emitir algún ruido. Es por eso que usted debe sintonizarse con las señales de su bebé además de controlar el reloj. Tan pronto note las señales de somnolencia ("¡Esa es mi señal!"), proceda a arrullarlo. Si no manifiesta señal reconocible alguna, inicie el proceso de arrullo cinco o diez minutos antes de completarse el ciclo de 90 minutos.

Señales comunes de somnolencia			
Físicas	Frotarse los ojos, con las manos, contra la alfombra o contra el hombro de alguien	Halarse las orejas	Bostezar	
Emocionales	Llorar	Llorar prolongadamente (en particular si no lo alzan)	Irritabilidad, hiperactividad	Frustrarse o impacientarse súbitamente
De atención	Parecer distraído, indiferente o ausente	Perder súbitamente el interés en un juguete o una actividad		

✳ ✳ ✳ ✳ ✳ ✳ ✳✳ ✳ ✳ ✳✳ ✳ ✳ ✳✳ ✳ ✳

Si su bebé no manifiesta señal reconocible alguna, inicie el proceso de arrullo cinco o diez minutos antes de completarse el ciclo de 90 minutos.

Si usted arrulla a su bebé hasta que se duerme profundamente, siga haciéndolo así por ahora. (Recuerde que la mayoría de los bebés de menos de seis meses necesitan la ayuda de un adulto para conciliar el sueño.) Si su bebé es mayor y sabe dormirse solo, basta con iniciar el proceso de arrullo y ponerlo en la cuna cuando esté adormecido aunque despierto todavía.

Si su bebé tiene apenas días o semanas de nacido, o si está enfermo, podrá notar que desea dormir con mayor frecuencia. Eso está bien. *No trate de mantener despierto a su bebé cuando comience a enviar señales de sueño.* (A veces los bebés enfermos o lesionados presentan mucha somnolencia. Nadie mejor que la madre para conocer a su bebé; si le parece que el grado de somnolencia es exagerado, llame a su médico).

¿Cuál es la mejor forma de arrullar a un bebé soñoliento? Impartiendo una monotonía acogedora al ambiente, para amortiguar un poco el "ruido" sensorial del mundo exterior. Esto por lo general implica mecerlo o realizar algún otro movimiento repetitivo como sentarse con el bebé en una mecedora o pasearlo en sus brazos o en un cabestrillo. Tras pasar nueve meses arrullados en el útero por los movimientos de la madre, los bebés comprenden ese ritmo repetitivo. El calor de la madre, lo mismo que su voz y su aroma tan familiares para él, también contribuirán a calmarlo. Quizás note que su bebé comienza a llorar justo al inicio del arrullo, pero no se desanime inmediatamente. Insista suavemente. El bebé no tardará en tranquilizarse y disfrutar el movimiento.

Tenga cuidado con las técnicas agotadoras, ¡se trata de que el bebé duerma, no de que usted termine víc-

---

TÉCNICAS DE ARRULLO

Técnicas recomendadas para arrullar al bebé (*para utilizar tantas veces como desee*):

- Mecer al bebé en la mecedora.

- Mecer al bebé en los brazos (asegúrese de mantener control total de sus movimientos).

- Caminar con el bebé en los brazos o en un cabestrillo.

- Mecerse usted hacia adelante y hacia atrás con el bebé en sus brazos.

- Envolver al bebé en una manta suave (probablemente deba añadir también algo de movimiento).

- Cantar o emitir sonidos suaves (oír la misma canción o el mismo sonido una

y otra vez le brinda al bebé algo en qué concentrar su atención).

Técnicas para arrullar al bebé que no se recomiendan para uso permanente (*resérvelas para circunstancias especiales*):

- Pasear al bebé en el automóvil.

- Pasear al bebé en un coche caminador.

- Poner al bebé en un columpio.

- Darle de comer (recurra a alimentar al bebé para inducir el sueño solamente durante el período neonatal; después de los tres meses trate de utilizar otros métodos con tanta frecuencia como sea posible).

✳ ✳ ✳ ✳ ✳ ✳ ✳ ✳ ✳ ✳ ✳ ✳ ✳ ✳ ✳ ✳ ✳

Tenga cuidado con las técnicas agotadoras, ¡se trata de que el bebé duerma, no de que usted termine víctima del agotamiento! tima del agotamiento! Los padres algunas veces se encuentran con métodos como bailar con el bebé o hacer cuclillas mientras sostienen al bebé en los brazos. Como podrá imaginar, semejantes estrategias no tardan en perder su encanto (al menos para los padres), mientras que el bebé aprenderá a depender de ellas para dormir. Una técnica que termine en agotamiento para usted seguramente no funcionará por mucho tiempo. En el otro extremo del espectro están otras técnicas como sacar al bebé a pasear en el automóvil o en el caminador, o mecerlo en un columpio. Es probable que esos medios mecánicos calmen fácilmente al bebé, pero está el peligro de que desarrolle una especie de adicción y no pueda conciliar el sueño de ninguna otra manera. No querrá tener que conducir alrededor de la manzana o colgar un columpio cada vez que el bebé despierte en la noche. Reserve esas estrategias para cuando las necesite realmente, por ejemplo en caso de enfermedad del bebé o cuando nada más funcione, y trate de no depender de ellas.

Amamantar o dar el biberón al bebé puede tener un efecto calmante sobre un bebé cansado, y lo ayudará a centrarse. Pero no dependa *siempre* de la técnica de alimentar al bebé para ayudarlo a dormir. En las primeras semanas de vida será difícil determinar si el bebé tiene hambre o sueño. No se preocupe. Sin embargo, con el tiempo –hacia los tres meses de edad– es necesario que el bebé comience

Llanto misterioso

Un bebé muy cansado probablemente permanecerá tenso, agitado y muy lloroso. Si alguna vez ha sentido ese grado de cansancio que no le permite dormir, ya sabe lo desagradable que es la sensación. Lo único que un bebé cansado sabe es que se siente muy mal y que necesita su ayuda.

En mis cursos a veces me refiero a este estado como "el llanto misterioso". Les presento a los padres la situación siguiente y les pregunto si alguna vez la han vivido: *su bebé llora y no saben por qué. Han ensayado todo lo imaginable –biberón, cambio de pañal, un juguete nuevo– pero el llanto no cesa por mucho tiempo. Entonces, cuando ya no saben qué hacer, alimentan al bebé una vez más, no porque piensen que está hambriento, sino porque han agotado todos los recursos. A los pocos segundos, notan con alivio que el bebé se ha quedado dormido.*

Mientras describo la situación se alzan las manos de casi todos los padres presentes y algunos asienten vigorosamente. Entonces pregunto: ¿lloraba el bebé porque tenía hambre o porque tenía sueño? Ese es un momento "revelador" para muchos de los presentes cuando se dan cuenta de que el llanto misterioso suele ser una señal de sueño. Quizás sea un momento de revelación también para usted. Los bebés no lloran solamente cuando tienen hambre, o están mojados o aburridos. También lloran cuando están cansados. *Suelen* llorar porque están cansados. Sin embargo, esta información por lo general nunca se les comunica a los padres primerizos. Un pediatra veterano me dijo una vez que los bebés lloran por una de diez razones: hambre, soledad, gas, pañal mojado, pañal sucio, molestia, aburrimiento, enfermedad, dentición, o algún otro dolor. Quedé atónita al ver que la fatiga no estaba incluida en la lista. Conozco a una madre que tuvo problemas con su recién

> **Ese es un momento "revelador" para muchos de los presentes cuando se dan cuenta de que el llanto misterioso suele ser una señal de sueño.**

✳ • ✳ • ✳ • ✳ • ✳ • ✳ • ✳ • ✳ • ✳ • ✳ • ✳ • ✳ • ✳ • ✳

nacido porque la abuela insistía en que el llanto significaba que el bebé debía tener frío, estar enfermo, o mal alimentado. La mamá comenzó a alimentar al bebé cada vez que lloraba, es decir, cada 90 minutos. Había reconocido el ciclo pero no había comprendido que el llanto podía ser señal de sueño.

¿Por qué el alimento le ayuda a un bebé cansado a dormir? El acto de succionar y alimentarse ayuda a los bebés a fijar la atención y a calmarse, y es la razón por la cual muchos de los padres llegamos a depender del alimento para ayudar al bebé a dormir. ¡Claro que no es malo dar de comer al bebé! Pero cuando aprenda a reconocer las señales de somnolencia, podrá responder de la manera más apropiada –ayudando a su bebé a dormir– en lugar de repasar frenéticamente el proceso de alimentar, cambiar y jugar mientras el bebé se torna cada vez más inquieto.

Hay otros momentos reveladores, como cuando un bebé que parece "odiar" el supermercado llora al llegar a la caja para luego caer profundamente dormido camino a casa en el automóvil. Es un gran alivio descubrir que la causa del llanto no es la excursión sino la fatiga. Ahora ya sabe lo que debe hacer: evite salir a hacer diligencias cuando el bebé comience a sentir sueño. Espere a que termine su siesta.

a comprender que la respuesta apropiada ante el sueño es dormir, no comer. Una ventaja del plan N.A.P.S. es que su bebé podrá conciliar el sueño más fácilmente –sin depender del alimento, los paseos en el coche caminador o los columpios– cuando usted aprenda a programarle el sueño apropiadamente.

Disfrute el N.A.P.S.

Ahora podrá disfrutar de la hora de la siesta de su bebé. Aproveche para dormir, si puede. No subestime la cantidad de trabajo que se le exige tanto de día como de noche. Criar a un bebé a veces puede ser como un experimento prolongado en falta de sueño. Si no logra descansar (sus propios ritmos de vigilia podrían impedirle dormir durante el día), aproveche la siesta del bebé para hacer las cosas que no puede hacer mientras el bebé está despierto. Lea, haga ejercicio, realice un proyecto que requiera concentración absoluta, o haga los oficios que le exijan alzar pesos o subir y bajar escaleras repetidamente. Recuerde que debe permitir que su bebé despierte espontáneamente. Entonces ponga en marcha nuevamente el reloj de los 90 minutos junto con el plan N.A.P.S.

Ahora podrá disfrutar de la hora de la siesta de su bebé. Aproveche para dormir, si puede.

El N.A.P.S. nocturno

De la misma manera que los bebés experimentan ciclos de vigilia de 90 minutos, la mayoría necesitan también 90 minutos para pasar por todas las etapas del sueño, dependiendo de su edad y del nivel de desarrollo. Es así como desarrollan algunas de las características del sueño de los adultos, quienes también necesitan 90 minutos para pasar por las etapas del sueño. Al final del ciclo de 90 minutos, el cerebro hace una especie de pausa durante la cual despierta parcialmente para verificar el sistema. Los científicos del sueño creen que todos experimentamos pequeños pseudo-despertares durante la noche, en particular durante las pausas para verificar el sistema. Los adultos rara vez recordamos esos despertares porque por lo general volvemos a dormir sin incidentes ni interrupciones. Al parecer los bebés también experimentan esos breves despertares. Cuando están bien descansados porque duermen sus siestas completas durante el día, en la noche pueden abrir los ojos, voltearse en la cuna si pueden... Y después, con algo de suerte, seguir durmiendo tranquilamente.

Pero no todos los bebés pueden volver a dormir tan fácilmente. En efecto, el ciclo de los 90 minutos de sueño también explica por qué algunos bebés despiertan llorando en la noche. Algunas veces el llanto es de hambre, pero otra razón puede ser la inmadurez de su sistema nervioso. La "verificación neurológica del sistema" puede registrar un desequilibrio y producir un despertar. El caso es peor cuando los bebés no pueden dormir bien durante el día. Estos bebés acumulan una energía adicional que ha debido descargarse durante las siestas diurnas, haciendo que sus sistemas nerviosos se inclinen más hacia la irritabilidad y el desequilibrio. Eso explica por qué los bebés que no pueden dormir bien durante el día experimentan durante la noche muchos despertares parciales que terminan en despertares completos. Esa forma de despertar suele ir acompañada de llanto porque desean que alguien les ayude a volver al estado de sueño que tanto anhelan.

Si el bebé es todavía muy pequeño, conviene alimentarlo, calmarlo y arrullarlo para que deje de llorar y vuelva a dormirse en la noche. Pero durante este período también pueden utilizarse algunos recursos para fomentar un

Al aplicar el plan N.A.P.S. y permitirle a su bebé dormir suficiente durante el día, aumentará la probabilidad de que pueda volver a conciliar el sueño por su cuenta cuando despierte en la noche.

buen sueño nocturno. Al aplicar el plan N.A.P.S. y permitirle a su bebé dormir suficiente durante el día, aumentará la probabilidad de que pueda volver a conciliar el sueño por su cuenta cuando despierte en la noche. Los bebés mayorcitos tienen mayor probabilidad de mostrar los beneficios nocturnos de un buen sueño durante el día.

Preguntas frecuentes sobre el plan N.A.P.S.

El plan N.A.P.S. funciona porque se basa en el respeto por el reloj biológico. Sin embargo, contraría hasta tal punto las nociones generalizadas y erradas sobre el sueño del bebé, que es apenas natural que provoque escepticismo. Las siguientes son las preguntas que se hacen con mayor frecuencia acerca del plan.

¿DEBO PERMANECER EN CASA PARA LA SIESTA DEL BEBÉ?

La parte más difícil del plan N.A.P.S. es la necesidad de comprometerse con satisfacer la necesidad del bebé de dormir con frecuencia durante el día. Anteriormente describí la "siesta perfecta", la cual comienza cuando el bebé

* * * * * * * * * * * * * * * * * *

está cansado y termina cuando el bebé termina de dormir. La forma de lograr esa perfección y el grado hasta donde tendrá que restringir sus actividades dependerán de su bebé y del lugar donde mejor duerme. Los recién nacidos pueden dormir bastante bien prácticamente en cualquier lugar, pero muchos bebés más grandes no logran descansar bien a menos que estén en su lugar para dormir, por lo general una cuna. Si esa es la situación con su bebé, tendrá que estar en casa para las siestas. Comprenda que esto puede parecer un poco abrumador para los padres primerizos puesto que están acostumbrados a entrar y salir cuando les place; quizás se sienta mejor si les pregunta a sus propios padres lo que ellos hacían cuando usted dormía. Lo más probable es que le respondan que se quedaban en casa para que usted pudiera dormir.

Es probable que pueda incorporar un poco de flexibilidad. Si su bebé puede dormir en otros lugares aparte de la cuna (algunos bebés son más adaptables que otros), aproveche ese talento. Conozco una pareja cuyo bebé duerme muy bien en la silla del automóvil y no se despierta cuando el carro se detiene, como sucede en la mayoría de los casos. La bebé duerme la mayoría de las veces en la cuna, pero una vez al día hacen diligencias organizando el tiempo de tal manera que la bebé se duerma en el camino de regreso a la casa. Dejan a la bebé en la silla del automóvil en el vestíbulo de la casa con el monitor encendido, en lugar de llevarla al segundo piso para ponerla en la cuna. La bebé se despierta cuando desea, y todo el mundo es feliz. Otros padres mantienen corrales portátiles, un moisés o cunas portátiles en el automóvil, de manera que el bebé pueda dormir en silencio en alguna habitación cuando van de visita a casa de los amigos.

No hay otro remedio que modificar la rutina y la forma de programar las actividades. Algunas madres se frustran en un principio, en particular si no ven la hora de reanudar su vida social después del reposo en cama durante el embarazo o si sienten la presión de sacar al bebé para presentarlo a los parientes y amigos. Pero la mayoría de las personas que ensayan el plan N.A.P.S. llegan a la conclusión de que la vida con el plan es más fácil que sin él. Aunque los padres que aplican el N.A.P.S. acuestan a sus bebés a descansar con mayor frecuencia, dedican menos tiempo del día al proceso de calmar y arrullar al bebé, proceso que puede sumar horas con un bebé que sufre de fatiga crónica. Todos los miembros de la familia estarán más alegres y podrán aprovechar mejor los períodos de vigilia del bebé para salir y disfrutar los momentos fuera de casa. Además, el programa les permite a los padres obtener lo que más anhelan, es decir, la oportunidad para poner los pies en alto

 Aparte de la conveniencia, el plan N.A.P.S. le brinda al bebé la oportunidad de satisfacer una de sus necesidades biológicas básicas: dormir. Cuando vea hasta qué punto es benéfico el plan N.A.P.S. para el desarrollo del bebé, no querrá que se salte una siesta, lo mismo que no querrá que se salte una comida.

y descansar. Después de todo, necesitan reservar energías para los años que les esperan una vez que el niño aprenda a caminar. Aparte de la conveniencia, el plan N.A.P.S. le brinda al bebé la oportunidad de satisfacer una de sus necesidades biológicas básicas: dormir. Cuando vea hasta qué punto es benéfico el plan N.A.P.S. para el desarrollo del bebé, no querrá que se salte una siesta, lo mismo que no querrá que se salte una comida.

¿SE ACORTARÁN LAS SIESTAS DE MI BEBÉ CON ESTE PROGRAMA?

Dormir siestas con frecuencia no acorta los períodos de sueño. En realidad suele suceder lo contrario: los bebés que duermen de acuerdo con sus ritmos internos tienen menos probabilidad de despertarse prematuramente de las siestas o de su sueño nocturno. Además, puesto que bajo el plan N.A.P.S. los bebés ya no tienden a quedarse dormidos inesperadamente en la silla del automóvil, también tienden menos a habituarse a hacer siestas muy breves, las cuales por lo general se asocian con la costumbre de dormir en el automóvil.

¿DORMIRÁ MENOS MI BEBÉ EN LA NOCHE?

El plan N.A.P.S. en realidad le ayudará a su bebé a dormir más en la noche. Los bebés que no duermen bien durante el día tienden a despertar molestos en la noche, por lo general después de períodos de 90 minutos o múltiplos de 90 minutos, por ejemplo cada tres horas.

LAS SIESTAS FUERA DE CASA

Hay formas de proporcionarle al bebé la oportunidad de dormir cuando la vida interfiere con el plan de permitirle hacer la siesta en casa:

- Si los mandados o las visitas los llevan a un sitio donde hay una habitación tranquila, lleve un corral, un moisés o una cuna portátil donde el bebé pueda dormir. Trate de mantener alguno de esos elementos en el automóvil para tenerlo siempre a mano.

- Si visita con frecuencia a los abuelos u otros parientes, piense en pedirles que inviertan en una cuna o corral poco costoso (pero seguro y resistente) donde su bebé pueda dormir. O compre uno usted.

- Programe las diligencias de manera tal que el bebé pueda dormir en el camino de regreso. Esto funciona solamente si su bebé duerme bien en el automóvil y no se despierta cuando este se detiene.

- Programe su tiempo para que pueda sacar al bebé para que haga su siesta en el caminador. Nuevamente, esto funciona si puede seguir caminando, o por lo menos permanecer cerca del caminador, hasta que el bebé termine su siesta.

- Dependiendo de a dónde los lleven sus salidas, trate de llevar al bebé en un cabestrillo tipo canguro delante del pecho para que pueda hacer una siesta.

- Si está en un lugar donde pueda sentarse en silencio un rato, duerma al bebé en sus brazos. Esta puede ser la solución más fácil y práctica de todas; además, le brindará a usted la oportunidad de cerrar los ojos un rato.

¿TODOS LOS BEBÉS SIGUEN REALMENTE EL CICLO DE LOS 90 MINUTOS?

A los padres por lo general nos dicen que no hay una sola regla que se cumpla en todos los casos. Pero recuerde que dormir, lo mismo que comer, es una necesidad básica. Si cree que su bebé no necesita dormir tanto como yo sugiero, de todas maneras ensaye el plan para ver qué sucede. Los bebés que parecen no necesitar dormir tanto como otros niños muchas veces sufren de carencia de sueño.

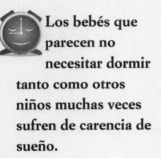 **Los bebés que parecen no necesitar dormir tanto como otros niños muchas veces sufren de carencia de sueño.**

Puesto que sufren de falta crónica de sueño, por lo general necesitan más ayuda para conciliar el sueño o para interesarse en las actividades mientras están despiertos.

Sin embargo, hay algunas fluctuaciones en el ciclo de los 90 minutos durante el primer año de vida. Muchos padres que han aprendido el plan N.A.P.S. pueden identificar el ciclo inclusive en sus bebés recién nacidos. Pero también es cierto que algunos neonatos no pueden permanecer despiertos más del tiempo necesario para cambiarlos y alimentarlos; por lo general, esos niños se acoplan al ritmo de los 90 minutos al cabo de las primeras semanas de vida. Los bebés de más edad pueden duplicar o triplicar el ciclo de vigila, de manera que hay momentos en el día en los cuales permanecen despiertos durante 180 ó 270 minutos (describiré estos cambios en los dos capítulos siguientes). Pero ningún bebé puede escapar por completo al ciclo de sueño de los 90 minutos.

¿QUÉ SUCEDE SI PIERDO LA VENTANA DE LOS 90 MINUTOS?

Si pierde la oportunidad óptima para que su bebé concilie el sueño al terminar la fase de los 90 minutos, notará que el bebé deja de enviar señales de sueño. Eso se debe a que la ventana de oportunidad al final del ciclo es corta. Si no se le permite al bebé conciliar el sueño, el reloj de vigilia comienza a correr nuevamente y el cerebro se activa para otro período de vigilia, por cansado que esté el bebé. Prepárese entonces, porque tendrá que lidiar con un niño hiperactivo. Los dos tendrán que pagar el precio, quizás en el momento, si el bebé está cansado e irritable, o más tarde, si el bebé pierde tanto sueño durante el día que no logra descansar bien en la noche.

De ahí la gran importancia de comprender las señales de sueño del bebé. Cuando los padres no toman conciencia de esas señales, no pueden responder apropiadamente. Se desconciertan ante lo que parece ser un llanto arbitrario. Entonces, al cerrarse la ventana de oportunidad, terminan las señales y, en la mayoría de los casos, el bebé no puede dormir hasta completarse el siguiente ciclo de vigilia.

Si descubre que se ha cerrado la ventana de los 90 minutos, de todas manera puede ensayar algunas técnicas para arrullar al bebé (véase la página 70). Quizás logre que se aquiete y duerma un rato. Si eso no funciona, preste

✳ • ✳ • ✳ • ✳ • ✳ • ✳ • ✳• ✳ • ✳ • ✳ • ✳ • ✳ • ✳ • ✳• ✳ • ✳

atención al reloj e inicie un proceso de arrullo al final del siguiente período de 90 minutos.

Si el bebé es mayor, también es posible que él mismo se salte una de sus siestas porque está haciendo la transición a ciclos de vigilia de 180 ó 270 minutos durante una parte del día.

¿QUÉ PASA SI NECESITO QUE MI BEBÉ SE SALTE UNA SIESTA?

En la medida de lo posible, recomiendo que respete las siestas de su bebé. Aunque es lógico que usted tendrá sus propias exigencias de tiempo y merece vivir su vida, establecer unos hábitos sólidos de sueño es crucial para el bienestar de su bebé. No es justo privar al bebé de su sueño sencillamente porque a usted no le agrade sujetarse a un horario. Pero ni siquiera la madre más dedicada podrá estar en casa para todas las siestas todos los días. Hay obligaciones escolares, cenas por festividades, reuniones familiares, bodas y otras responsabilidades que interferirán con el horario del bebé. En esas circunstancias, el plan N.A.P.S. es muy útil. No habrá tantas sorpresas y usted podrá prepararse para los momentos exactos en los que su bebé se fatigará y requerirá más atención y contacto físico. Con algo de suerte, podrá escaparse por un momento

> **Aunque es lógico que usted tendrá sus propias exigencias de tiempo y merece vivir su vida, establecer unos hábitos sólidos de sueño es crucial para el bienestar de su bebé.**

✳ ∙ ✳ ∙ ✳ ∙ ✳ ∙ ✳ ∙ ✳ ∙ ✳ ∙ ✳ ∙ ✳ ∙ ✳ ∙ ✳ ∙ ✳ ∙ ✳ ∙ ✳ ∙ ✳

de un evento especial a la hora indicada para evitar que su bebé llore desconsoladamente y perturbe un almuerzo o una ceremonia. Trate de darle a su bebé la oportunidad de dormir cuando pueda... Pero recuerde que cuando se cierra la ventana de oportunidad de los 90 minutos, el bebé podrá entrar en otro ciclo de vigilia de igual duración y usted quizás deba esperar hasta el final de *ese* ciclo para que el niño duerma nuevamente.

¿PUEDEN LOS PADRES QUE DUERMEN CON SUS BEBÉS UTILIZAR EL PLAN N.A.P.S.?

Hay padres que duermen en la misma cama con sus bebés y suelen llevarlos en cabestrillos buena parte del día. Algunos duermen con el bebé porque viven en lugares muy pequeños y no tienen alternativa, pero muchos lo hacen por razones filosóficas. Estos padres consideran que los bebés desarrollan más seguridad al estar físicamente cerca de ellos. También están convencidos de que es antinatural imponer al bebé un horario de sueño programado.

No hay duda de que es delicioso dormir sintiendo la calidez del bebé. Pero también puede imponer una exigencia muy grande a los padres. Si usted es de las personas que duerme con su bebé, seguramente conoce la frustración de esperar —a veces durante horas— a que el bebé se duerma "espontáneamente". El plan N.A.P.S. le ayudará a identificar los momentos en que el bebé está listo para conciliar el sueño en forma natural, y a aprender a arrullar al bebé para que se duerma (¡sin obligarlo!). Al mantener un contacto estrecho con su bebé, para usted será muy fácil seguir el plan porque tendrá muchas oportunidades para observar a su bebé y aprender a conocer sus señales de somnolencia. Sin embargo, a diferencia de otros padres, probablemente no querrá acostar a su bebé en la cuna o en el moisés. No hay problema con eso, siempre y cuando esté en disposición de dormir al tiempo con su bebé o a "llevarlo cargado" en el cabestrillo hasta que termine de dormir.

Un comentario sobre la costumbre de dormir con el bebé: puede haber problemas de seguridad con esta práctica. Si opta por dormir en la misma cama con su bebé, le recomiendo visitar el sitio de la Academia Americana de Pediatría en Internet, www.aap.org, o www.firstcradle.org, donde encontrará información importante de seguridad (en inglés).

¿BRINDAN MÁS SEGURIDAD LOS HORARIOS FIJOS?

A los padres generalmente se les aconseja someter a sus bebés a un horario determinado exclusivamente por el reloj. Esto significa una siesta a las 9:00 a.m. y otra a la 1:00 p.m., y algunas veces una tercera siesta corta hacia las 4 ó 5 de la tarde en el caso de los bebés de corta edad. Los defensores de estos horarios dicen que la regularidad de los horarios hace que los bebés se sientan más seguros. Otra supuesta ventaja de ceñirse al reloj es que le enseña al bebé la lección importante de que los padres mandan y los

La historia de Susan: *una señal ruidosa de sueño*

Vincent, mi primer hijo, nació dando gritos y fue como si no dejara de llorar durante ocho semanas. Cuando cumplió dos meses se había calmado un poco, pero de todas maneras parecía irritado buena parte del tiempo y no dormía tanto como los pediatras decían que debía dormir. Fue entonces cuando comencé a aplicar el plan N.A.P.S. Sabía que debía estar pendiente de las señales de sueño de Vincent después del ciclo de vigilia de 90 minutos, pero en un principio no podía identificarlas. Pasaron algunos días para que pudiera darme cuenta de que Vincent enviaba sus señales (llanto) mucho antes que otros niños: comenzaba a llorar a los 60 ó 70 minutos del ciclo. Lo alzaba y lo mecía, pero nunca cerraba los ojos antes de los 90 minutos exactos. Era raro. Vincent era tan sensible que necesitaba más tiempo para tranquilizarse que los otros bebés.

"A medida que transcurrió el tiempo, Vincent comenzó a llorar menos. Hacia los seis meses de edad, comenzaba a llorar hacia los 80 minutos del ciclo y cerraba los ojos al cumplirse los 90. La gente me decía que estaba loca al ser tan exacta con respecto a las horas del llanto y del sueño, pero había llegado al punto en que no me importaba lo que otros dijeran. Vincent seguía un horario claro para mí, mi esposo y todas las demás personas dedicadas a prestarle atención a su comportamiento".

hijos deben cumplir sus reglas. ¿Tienen algo de cierto esas afirmaciones?

Sí y no. Los horarios son importantes para los bebés y sus familias, pero es el horario interno del bebé el que debe marcar la pauta. Lo sorprendente es que el reloj del bebé por lo general crea un horario previsible hacia los seis meses de edad aproximadamente, si se le permite aflorar espontáneamente. Esta regularidad determinada biológicamente es buena para los bebés, pero no solamente porque les brinda una mayor sensación de seguridad, sino porque las horas de dormir concuerdan con los ritmos internos y los ciclos cerebrales.

En cuanto a la afirmación de que los padres deben enseñarles a los bebés quiénes son los que mandan, si bien es cierto que deben asumir el papel de liderazgo en la familia, deben hacerlo en armonía con la edad y la habilidad del bebé. Desconocer la necesidad que tiene el bebé de dormir no le brindará más seguridad. Un elemento importante de la seguridad emana del hecho de que el bebé pueda confiar en que sus padres le enseñarán a conciliar el sueño cuando lo necesite. Al seguir el plan N.A.P.S. su bebé se convertirá en un niño bien descansado, la clase de niño que no peleará a la hora de dormir ni contra las reglas de la familia, y que tendrá una mayor probabilidad de florecer y ser feliz.

CAPÍTULO CUATRO

El plan N.A.P.S.
Desde el nacimiento hasta los cinco meses

D urante el primer año de vida, el plan N.A.P.S. permanece básicamente igual. Sin embargo, en el transcurso del año se producen diversas etapas de desarrollo, las cuales vienen junto con sus respectivos cambios y retos. En ese capítulo aprenderá a utilizar el plan N.A.P.S. en concordancia con la edad de su bebé, desde el primer día hasta los seis meses de vida.

Muchos padres novatos se preguntan cuán frecuentes y largas deben ser las siestas del bebé, cuánto debe dormir en la noche, y cómo cambian esos períodos a medida que pasa el tiempo. En el capítulo 1 aparece un cuadro de

✻ • ✻ • ✻ • ✻ • ✻ • ✻ • ✻ • ✻ • ✻ • ✻ • ✻ • ✻ • ✻ • ✻

la distribución del sueño donde se muestra el tiempo promedio de sueño durante los primeros dos años. Recuerde que el cuadro describe al bebé *promedio*, no a *todos* los bebés. No se preocupe por tratar de que su bebé se ajuste con exactitud a esas tablas. Es mucho más importante dejar que las señales de sueño de su bebé le sirvan de guía y asegurarse de que el bebé pueda dormir cuando esté cansado. Preste atención a su bebé, no a las tablas de sueño. Es un sistema mucho más agradable y eficaz para garantizar un buen sueño.

Desde el nacimiento hasta las dos semanas

Los bebés duermen *mucho* durante las dos primeras semanas. Para un adulto, el número de horas que duerme el recién nacido es casi absurdo: dieciséis, dieciocho, veinte o hasta más horas al día. Mientras permanecen en el útero, los bebés duermen prácticamente todo el tiempo, y las dos primeras semanas de vida son una prolongación de esa etapa de mucho sueño.

Mientras permanecen en el útero, los bebés duermen prácticamente todo el tiempo, y las dos primeras semanas de vida son una prolongación de esa etapa de mucho sueño.

Durante este primer período descubrirá que su bebé se queda dormido sin necesidad de que usted intervenga. En esta etapa los bebés prácticamente se funden en cualquier parte, en el moisés, en la silla del automóvil, en sus brazos o hasta en el piso del corral. También duermen como piedras. Un recién nacido puede dormir a pesar del ruido del camión de la basura, la música fuerte y las sirenas de las ambulancias. Con los bebés de temperamento dócil que duermen muchas horas al día, la crianza parece un juego de niños durante esas primeras semanas. No obstante, ¡no se deje engañar por un falso sentido de tranquilidad! Trate de descansar todo lo que pueda ahora, porque el mecanismo de vigilia del bebé no tardará en ponerse en marcha.

¿CUÁL ES LA DIFICULTAD CON UN BEBÉ QUE DUERME TODO EL TIEMPO?

Claro está que estas dos semanas no siempre son tan fáciles para todo el mundo. Tanto las madres como los padres pueden sentir un alto grado de tensión física y emocional en su esfuerzo por recuperarse de las exigencias del embarazo y el nacimiento, y por acomodarse a su nueva función de padres. Aunque la lactancia se traduce en muchos beneficios para la madre y para el bebé, además de brindar algunos de los momentos de mayor ternura en la vida, para muchas madres se convierte en una labor ardua en un principio.

Hasta los bebés que duermen veinte horas al día pueden ser todo un reto. ¡No es que duerman veinte horas consecutivas! Lo que sucede es que se quedan dormidos por ratos de veinte minutos o de cuatro horas, o quizás más. La madre entonces se ve en la necesidad de dormir a pedazos.

✳ • ✳ • ✳ • ✳ • ✳ • ✳ • ✳ • ✳ • ✳ • ✳ • ✳ • ✳ • ✳ • ✳

Mientras observa a su bebé durante estas primeras semanas, no olvide que si bien un bebé debe alimentarse con frecuencia, no todas las veces que despierta es por hambre. Puede despertar sencillamente porque ha terminado uno de sus ciclos de sueño y no logra hacer la transición para dormir nuevamente sin la ayuda de un adulto. Más adelante podrá utilizar ese conocimiento para condicionar a su bebé para que duerma más tiempo. Sin embargo, por ahora, alimente a su bebé cada vez que parezca necesitarlo.

ESTÉ PENDIENTE DEL CICLO DE 90 MINUTOS

Comience a buscar el ciclo de 90 minutos en este momento, pero no se desanime si no se manifiesta inmediatamente. No está claro si todos los bebés manifiestan el ciclo de 90 minutos durante las primeras semanas de vida. Algunos nacen con su reloj de vigilia claramente establecido. Yo detecté el período de vigilia de 90 minutos en Max, mi segundo hijo, cuando estábamos todavía en el hospital. Aproximadamente a los 90 minutos de haber despertado comenzaba a llorar, pero yo sabía lo que debía hacer para ayudarlo a dormir. Otros bebés tienen períodos más cortos de vigilia, y eso está bien también.

Esto es lo que les recomiendo a los padres de recién nacidos: ante todo, no obliguen al bebé a permanecer despierto durante 90 minutos si quiere dormir antes. (Esto es cierto durante todo el primer año de vida, no solamente durante las primeras dos semanas.) También recomiendo no imponerle al bebé un horario estricto para comer y dor-

Comience a buscar el ciclo de 90 minutos en este momento, pero no se desanime si no se manifiesta inmediatamente. No está claro si todos los bebés manifiestan el ciclo de 90 minutos durante las primeras semanas de vida. mir, a menos que haya una razón médica para hacerlo. Recomiendo prestar atención a la hora en que despierta, si es posible, aunque sé que no es fácil en estas primeras semanas. Así, si su bebé comienza a llorar una hora u hora y media después de despertar la última vez, tendrá una idea clara de por qué llora: tiene sueño. Entonces podrá recurrir a sus técnicas preferidas para arrullarlo.

Si logra llevar un control de las horas en que su bebé despierta, e identificar los ciclos de vigilia, no tendrá que vivir las historias de horror que se cuentan sobre los recién nacidos: "Mi bebé llora sin cesar", o "Mi bebé lloró durante tres horas seguidas anoche". Cuando oigo esas frases, me digo a mí misma, "¡Pobre bebé agotado!" Esas experiencias espantosas tanto para el bebé como para los padres son totalmente innecesarias y, por fortuna, evitables. Por lo menos la mitad de esas tres horas de llanto se habrían podido evitar si los padres hubieran sabido que debían iniciar el proceso de arrullo después de los 90 minutos de vigilia del bebé.

Aunque no vea un ritmo claro, conviene saber que los bebés lloran de fatiga, lo mismo que lloran de hambre o de incomodidad. Si su bebé ha comido, está abrigado y seco pero continúa llorando, no trate de distraerlo con juguetes

Si su bebé ha comido, está abrigado y seco pero continúa llorando, no trate de distraerlo con juguetes o estímulos. Trate de ayudarlo a dormir.

o estímulos. Trate de ayudarlo a dormir. Y no se sienta culpable. Es normal confundirse a veces y no saber si el bebé recién nacido tiene hambre, o sueño o está mojado. Haga lo mejor que pueda y no tardará en comprender las claves de su bebé.

Lo más importante que debe recordar es que, en esta edad, los bebés necesitan dormir mucho; y lo más probable es que cuando su bebé tenga sueño, llorará para que usted lo ayude a dormir.

CONFUSIÓN ENTRE EL DÍA Y LA NOCHE

A veces, los recién nacidos tienen confusión entre el día y la noche, y los períodos más prolongados de sueño ocurren durante las horas del día. Esto es normal y se corrige espontáneamente en el lapso de unas pocas semanas, cuando afloran los ritmos circadianos del bebé. (Si no sucede, en las páginas 182 y 184 encontrará métodos amables para ajustar un poco más los ritmos del bebé a los suyos.) El hecho de despertar al bebé de esas siestas prolongadas no servirá para fomentar un mejor patrón de sueño nocturno. Es importante tener eso en mente por varias razones, algunas de las cuales ya he explicado. Al permitir que su bebé duerma todo lo que desee, aunque sea durante el día, le brindará la oportunidad de aprender a prolongar y consolidar el sueño por su cuenta. Podrá identificar esa habilidad

Al permitir que su bebé duerma todo lo que desee, aunque sea durante el día, usted le brindará la oportunidad de aprender a prolongar y consolidar el sueño por su cuenta. de prolongar el sueño al cabo de unas pocas semanas, cuando termine la confusión entre el día y la noche y los períodos prolongados de sueño comiencen a darse durante la noche.

Cuando el bebé despierte en la noche, asegúrese de comportarse de tal manera que le envíe la señal de que "es de noche". Use la menor luz posible y hable en voz baja, aunque no tenga sueño. Los padres que tratan de pasar esas noches en vela encendiendo las luces y el televisor, y hablando como lo hacen durante el día, no dan al bebé ninguna razón para pensar que la noche es diferente de cualquier otra hora. Por tanto, sin proponérselo, envían unas señales sociales que confunden el incipiente reloj circadiano del bebé. De la misma manera, los padres que mantienen la casa a oscuras y en silencio todo el día también pueden impedir el desarrollo de los patrones correctos del día y la noche.

Una forma de cumplir con las actividades nocturnas sin encender las luces es utilizar la luz roja nocturna. Esta luz permite ver lo suficiente para cambiar y alimentar al bebé sin correr riesgos. Como tiene una longitud de onda larga (visible a través del color rojo) que estimula menos los mecanismos de vigilia del bebé, al parecer no reprograma el reloj circadiano de la misma manera que lo hace la luz blanca. Quizás le convenga cambiar la bombilla de luz

✳ • ✳ • ✳ • ✳ • ✳ • ✳ • ✳ • ✳ • ✳ • ✳ • ✳ • ✳ • ✳ • ✳ • ✳ •

blanca que viene con la mayoría de las luces nocturnas y reemplazarla por una de luz roja, la cual se consigue fácilmente en las ferreterías y almacenes de descuento.

SUEÑO ACTIVO: NO SE DEJE ENGAÑAR

Contrariamente a lo que sucede con los adultos, los bebés recién nacidos pasan la mayor parte del sueño en la etapa REM. Esta etapa altamente activa del sueño puede parecerse mucho a un estado de vigilia o de sueño perturbado. Si el bebé se retuerce, hace muecas o mueve los ojos debajo de los párpados entrecerrados, no se preocupe, y no se apresure a sacarlo de la cuna. Es un comportamiento que parece extraño, pero es normal durante el sueño REM, y puede tener la tranquilidad de que su bebé no sufre ni tiene pesadillas. Permita que su bebé continúe con el ciclo normal y pase a la siguiente etapa del sueño.

A esta corta edad, los bebés también pasan mucho tiempo en una etapa intermedia de duermevela a la cual los especialistas en el sueño del lactante han dado caprichosamente el nombre de "indeterminada". Al igual que la fase del sueño REM, la etapa indeterminada puede parecerse mucho a la verdadera vigilia, pero sin serlo.

A esta corta edad, los bebés también pasan mucho tiempo en una etapa intermedia de duermevela a la cual los especialistas en el sueño del lactante han dado caprichosamente el nombre de "indeterminada". Al igual que la fase del sueño

REM, la etapa indeterminada puede parecerse mucho a la verdadera vigilia, pero sin serlo. En esta etapa, el bebé puede emitir vocalizaciones, como si tratara de hablar. Los párpados permanecen cerrados pero aletean, o también podrá notar que los ojos se mueven rápidamente debajo de los párpados entrecerrados o sencillamente están abiertos. Su primer impulso podrá ser saludar al bebé y alzarlo, pero tenga cuidado. Puede no estar totalmente despierto sino listo para hacer la transición a un estado de sueño "de verdad", si usted se lo permite. Ensaye a pararse detrás del bebé, evitando mirarlo a los ojos (porque el contacto directo con los ojos con toda seguridad lo hará despertarse si no está despierto todavía) y concédale unos minutos para que trate de volver a dormir. Si no está totalmente despierto y logra volver a un estado de sueño más profundo, con el tiempo podrá aprender a prolongar sus períodos de sueño.

De las dos semanas a los tres meses

A las dos semanas de edad, los bebés todavía duermen mucho: unas quince a dieciséis horas al día, y a veces más. Sin embargo, este es uno de los períodos más difíciles para los padres porque, después de las primeras semanas, los bebés emergen de un sueño casi constante y comienzan a mostrar gran desagrado durante la vigilia. Los bebés que antes podían quedarse dormidos en cualquier parte ahora parecen molestos e inflexibles. Como es de esperarse, este período de irritabilidad y llanto por lo general sucede cuando el

❋ • ❋ • ❋ • ❋ • ❋ • ❋ • ❋ • ❋ • ❋ • ❋ • ❋ • ❋ • ❋ • ❋ • ❋

EL PLAN N.A.P.S. DE UNA OJEADA

Del nacimiento a las dos semanas

- Su bebé dormirá entre catorce y veinte horas al día. El promedio son dieciséis horas, aunque no todos los bebés dormirán exactamente ese número de horas. Algunos dormirán más y otros menos. Además podrá variar de un día a otro. Estas horas de sueño estarán repartidas en períodos cortos durante el día y la noche.

- Su bebé tendrá períodos muy cortos de vigilia sosegada, los cuales podrán ser de 90 minutos o menos (algunas veces el ciclo de 90 minutos se manifiesta más adelante cuando el bebé crece un poco más). No trate de hacer que el bebé permanezca despierto cuando parece tener sueño.

- La mayoría de los bebés de esta edad no han desarrollado todavía sus señales particulares para manifestar que tienen sueño. Si estas no han aparecido todavía, lo harán en el transcurso de los meses siguientes. Durante las primeras semanas, lo más probable es que su bebé llore cuando esté cansado.

- Habrá momentos en que el recién nacido se quede dormido sin ayuda, pero es demasiado pronto para pensar que el bebé pueda quedarse dormido independientemente todas las veces. Si necesita de su ayuda para conciliar el sueño, recurra a la estrategia de arrullo más eficaz para su bebé. Encontrará recomendaciones para arrullar al bebé en la página 70.

- Si su bebé hace muecas, se retuerce, "habla" o hasta abre los ojos mientras duerme, y no llora, no se apresure a sacarlo de la cuna. Podrá estar en una fase de sueño activo y, aunque esté medio despierto, podrá volverse a dormir por su cuenta.

- Aproveche este período relativamente tranquilo (¡y trate de no alegrarse mucho!) porque su bebé no tardará en exigirle mucha más atención y ayuda para dormir.

cónyuge se prepara para volver al trabajo y los parientes que han venido a ayudar durante las primeras semanas se disponen a empacar para regresar a sus casas. Tranquilícese y sepa que la infelicidad de su bebé no se debe a algo que usted haya hecho o dejado de hacer.

La buena noticia es que el período de llanto viene también acompañado del ciclo de los 90 minutos. La exactitud de este ciclo será su ayuda para sobrevivir a estas semanas duras. Cuando mi segundo bebé estaba en esta etapa, el ciclo de los 90 minutos fue el salvavidas que me ayudó a conservar la cordura. Aun cuando las cosas parezcan duras, podrá aferrarse a la certeza de que después de 90 minutos de vigilia, su bebé estará listo para dormir. Siga el plan N.A.P.S. para ayudar a su bebé a cerrarse a los estímulos del mundo, calmarse y obtener el sueño que necesita.

Comience a observar a su bebé hasta identificar esas señales particulares de sueño. A esta edad, la mayoría de los bebés lloran cuando están cansados; pero otros bostezan, se ven marchitos, o fijan la mirada en la lejanía. Los bebés de temperamento fácil quizás no manifiesten señales claras de sueño, pero cerrarán agradecidos los ojos y se entregarán al sueño si se les da la oportunidad.

> **Aun cuando las cosas parezcan duras, podrá aferrarse a la certeza de que después de 90 minutos de vigilia, su bebé estará listo para dormir.**

El bebé está todavía muy pequeño a esta edad y por ahora es perfectamente aceptable recurrir a alimentarlo,

✳ • ✳ • ✳ • ✳ • ✳ • ✳ • ✳ • ✳ • ✳ • ✳ • ✳ • ✳ • ✳ • ✳ • ✳

pasearlo en el automóvil, mecerlo en el columpio, o a otros medios externos para arrullarlo. Sin embargo, al cumplir el bebé los dos o tres meses, conviene dejar de depender tanto de esas técnicas y recurrir a otras (como mecerse en la mecedora, uno de mis métodos predilectos) que le sirvan durante varios meses más. No es lo más agradable sacar el automóvil cada vez que el bebé tiene sueño, ni subir y bajar escaleras con un peso creciente cada vez que el bebé despierta a medianoche.

TANTO LLANTO: ALGUNAS EXPLICACIONES

Hay quienes dicen que los bebés lloran solamente cuando tienen frío o hambre, o cuando están mojados o enfermos. Como ya usted lo sabe, los bebés también lloran cuando están cansados. Sin embargo, a esta edad hay otras cosas que explican las lágrimas:

Desarrollo neurológico. Algunos episodios de llanto pueden ser producto de las cosas que suceden en el cerebro del bebé en esta etapa. Los bebés nacen con un superávit de neuronas (células nerviosas); por esta época, el cerebro del bebé está pasando por el proceso dramático y crucial de podar algo de ese exceso de neuronas y de conexiones neuronales. Este proceso de poda le permite al cerebro desarrollar más eficiencia y enfocarse. Al parecer también permite que afloren los nuevos mecanismos de alerta. Estos mecanismos le ayudan al bebé a tomar más conciencia del mundo que lo rodea, aunque por razones que todavía no comprendemos, este período de ajuste o transición es

✻ • ✻ • ✻ • ✻ • ✻ • ✻ • ✻• ✻ • ✻ • ✻ • ✻ • ✻ • ✻ • ✻ • ✻

difícil y especialmente perturbador para algunos bebés. El cambio es difícil, y el llanto es el único recurso que tiene el bebé para enfrentar las cosas. Utilice el plan N.A.P.S. para brindar a su bebé el descanso que tanto necesita durante este duro período.

Sobrecarga sensorial. Otra razón por la cual lloran los bebés a esta edad es la sobrecarga sensorial a la que se ven sometidos. Imagine lo que debe representar para ellos la transición entre el útero y el mundo. Pasan de ese lugar oscuro y tranquilo a un ambiente nuevo cargado de imágenes, olores, sonidos y otras sensaciones. Para un bebé, la emocionante información sensorial del mundo es apenas ruido. El bebé no logra encontrarle sentido a ese ruido y tampoco puede sustraerse a él. Y lo que es peor, ese ruido le impide "oír" las señales de su cuerpo que lo invitan a dormir.

> **Para un bebé, la emocionante información sensorial del mundo es apenas ruido. El bebé no logra encontrarle sentido a ese ruido y tampoco puede sustraerse a él. Y lo que es peor, ese ruido le impide "oír" las señales de su cuerpo que lo invitan a dormir.**

Es ahí donde entra usted. Cuando oiga llorar a su bebé, recuerde que necesita de usted para que le proporcione un ambiente sin estímulos a fin de que los mecanismos del sueño puedan hacer lo suyo. Busque la forma de brindar un ambiente monótono y calmado a su bebé –con

✳ ✳ ✳ ✳ ✳ ✳ ✳ ✳ ✳ ✳ ✳ ✳ ✳ ✳ ✳ ✳ ✳ ✳

movimientos repetitivos como el balanceo o canciones que se repitan constantemente– a fin de que pueda escapar del mundo ruidoso y lleno de distracciones, y conciliar el sueño. Sin cambios que le desvíen su atención, la monotonía de la repetición le ayudará a desconectarse de su ambiente.

El llanto del final de la tarde. El llanto del final de la tarde es común en los primeros meses. Por lo general se manifiesta hacia la segunda semana y termina hacia el segundo o tercer mes. La hora de inicio y de terminación es asombrosamente constante noche tras noche. Este período de llanto parece interminable. Yo recuerdo haberme sentido muy desanimada y casi desesperada con Maddie, mi primera hija, cuando se aproximaba la noche y comenzaba a llorar como si respondiera a algún mecanismo automático.

Algunas personas atribuyen el llanto del final de la tarde al cólico o a la fatiga de la madre después de un largo día. Si bien esos factores pueden contribuir al llanto, es más probable que la causa sea la aparición de los ritmos circadianos. En varios estudios de los ritmos biológicos y las horas del sueño en un período de 24 horas, los adultos presentan algo denominado la "zona prohibida" para dormir. Es ese período de las primeras horas de la noche cuando nos es difícil iniciar el sueño por agotados que estemos. Una teoría es que ese período de llanto del recién nacido es el intento de la naturaleza por implantar esta característica en el cerebro del bebé.

La mejor forma de manejar este período difícil es reducir la estimulación. No trate de distraer al bebé con la

✳ • ✳ • ✳ • ✳ • ✳ • ✳ • ✳ • ✳ • ✳ • ✳ • ✳ • ✳ • ✳ • ✳ • ✳

televisión o los juguetes, ni con canciones o muecas graciosas. Aunque estas tácticas pueden servir para calmarlo un rato, no se engañe. El estímulo sensorial no tardará en lograr que el bebé se sienta más molesto e irritable. Acepte que habrá llanto y consuélese como pueda con la noción de que el llanto no se debe a algo que usted haya hecho. El llanto de las primeras horas de la noche corresponde a una fase de desarrollo y, por fortuna, es transitorio. Prefiera entonces su método favorito para arrullar al bebé con movimientos repetitivos y consulte el plan N.A.P.S. para ayudarse a iniciar el sueño. Cuando todo parezca negro, recuerde que la ventana de vigilia del bebé nunca dura más de hora y media. Los padres que no prestan atención al ciclo de vigilia de los 90 minutos podrán abocarse a un bebé que no solamente debe enfrentar la aparición de sus ritmos circadianos, sino también el exceso de fatiga.

Cólico. El cólico se define como un llanto inconsolable que se presenta en momentos específicos del día o de la noche y no tiene explicación porque no es por hambre, enfermedad, incomodidad u otras causas. Por lo general se manifiesta hacia las tres semanas de edad y disminuye gradualmente hacia el tercer o cuarto mes. Los padres del bebé que sufre de cólico podrían decir, "Mi bebé llora durante horas enteras sin parar" o llegar a afirmar, "Mi bebé no deja de llorar nunca".

El plan N.A.P.S. reduce drásticamente el llanto misterioso de la mayoría de los bebés, incluidos los clasificados como enfermos de cólico. Los padres me dicen una y otra

vez que el supuesto cólico desaparece o disminuye drásticamente cuando comienzan a aplicar el programa. Yo me pregunto si en realidad esos bebés tuvieron cólico alguna vez.
Mi sospecha es que algunos bebés que presentan síntomas
de cólico sencillamente están muy cansados o manifiestan
el llanto previsible de las primeras horas de la noche.

Pero algunos bebés lloran mucho aunque estén bien
descansados y no hayan entrado en la fase del llanto de las
primeras horas de la noche. En efecto, son bebés que al
parecer no hacen más que llorar, dormir, comer y seguir
llorando. A los padres de estos bebés que sí sufren de cólico les sugiero seguir todos los pasos del plan N.A.P.S.,
complementados con algunas medidas adicionales. Conviene ensayar a echar andar el cronómetro cuando el bebé
despierte y luego inducir el sueño pasados los 90 minutos;
el cronómetro será necesario porque no es fácil detectar
las señales de sueño contra el telón de fondo de un llanto prácticamente constante. Mecer a un bebé con cólico
quizás no sea suficiente, de manera que se puede ensayar
a llevarlo alzado en un cabestrillo o canguro, o exponerlo
a sonidos repetitivos como una grabación del ruido de la
secadora o la aspiradora. No se preocupe de generar con
estas estrategias unos malos hábitos para dormir. Más adelante podrá reducirlas gradualmente cuando le haya enseñado a conciliar el sueño independientemente (véase las
páginas 130-140); por ahora, haga lo que sea necesario. No
se sienta culpable, porque el cólico no es su culpa. Y pida
tanta ayuda como sea posible a su cónyuge, a los familiares,
amigos o niñeras mientras superan este período tan duro.

APARECE (GRADUALMENTE) EL RITMO DEL BEBÉ

Al comenzar a usar el plan N.A.P.S. es probable que no vea aparecer inmediatamente un horario preciso para las siestas. Es decir, que no habrá una siesta a las 9:00 de la mañana o a la 1:00 de la tarde exactamente día tras día. *No al principio.* A esta edad, la duración de las siestas varía y es probable que su bebé duerma varias siestas largas todos los días o quizás cinco o seis de duración irregular. Eso está bien porque es permitir que los patrones de sueño del bebé evolucionen naturalmente. Más adelante cosechará unos beneficios enormes. Y aunque no hay todavía una rutina estricta, al final de este período sus días comenzarán a tener un ritmo, lo cual constituirá un cambio agradable después del caos de las primeras semanas. Disfrutará la idea de contar con casi 90 minutos para jugar con su bebé y también le agradará saber que pronto tendrá un descanso cuando el bebé se duerma.

Durante los primeros tres meses, la hora de irse a la cama en la noche es tarde. Muchos padres acuestan al bebé hacia las 10:00 p.m., por ejemplo. El bebé de todas maneras podrá despertar en las noches a esta edad, lo cual es perfectamente normal. Sin embargo, el plan N.A.P.S. ayudará a minimizar el número de veces que el bebé despierte durante la noche, y esto hará que el bebé esté más descansado y pueda hacer tranquilamente la transición de un ciclo completo de sueño al otro.

Con el tiempo, su bebé madurará y desarrollará los ritmos del sueño. Las siestas cortas se alargarán, se dormirá

La historia de Jody: *también yo sonrío*

"Durante las primeras dos semanas de vida de mi hija pensaba, "¿De qué se quejan las mamás? ¡Esto es muy fácil!" Y fue entonces cuando Jody comenzó a presentar síntomas serios de cólico. Lloraba durante cuatro horas todas las noches y permanecía irritable durante el día. Mi mamá estaba conmigo y me decía, 'La niña está cansada', pero yo no la dejaba dormir durante el día porque pensaba que así dormiría bien durante la noche. Tenía una niña preciosa y sana a quien amaba, pero estaba literalmente enferma por la falta de sueño y sentía deseos de vomitar.

"Decidí darme cuatro días para ensayar el plan N.A.P.S. Comprendí la idea de los biorritmos y de que el período de atención de un lactante dura tan solo 90 minutos, y me agradó la idea de ayudar a mi bebé a dormir más.

"La primera vez que ensayé el plan envolví a la niña en una manta, la mecí y le susurré el sonido del silencio para tranquilizarla, en realidad era algo que ya hacía intermitentemente durante la mayor parte de su ciclo de vigilia a causa de su llanto. Al final de los 90 minutos estaba tranquila pero no dormida. La puse en la cuna porque tenía frío en los pies y quería ponerme unas medias. Salí de la habitación convencida de que comenzaría a llorar y tendría que acudir rápidamente a su lado. Pero cuando regresé estaba dormida y durmió durante cuatro horas.

"El cólico desapareció casi tan pronto como inicié el plan N.A.P.S., y las noches mejoraron. Transcurridos 80 minutos veía que comenzaba a mostrarse irritada. Utilicé las mismas técnicas para arrullarla (envolverla, mecerla y susurrarle) que usaba antes de aprender sobre el ciclo de los 90 minutos, pero ahora ya funcionaban porque me había acoplado a los ciclos de mi bebé. Mientras más respetaba el ritmo de mi bebé, menos sentía que fuera una especie de pelea entre las dos. También comenzó a comer mejor. Anteriormente la alimentaba a toda hora, pero solamente comía durante cinco o siete minutos.

* * * * * * * * * * * * * * * * * * * *

> Cuando comenzó a dormir siestas más largas también comenzó a comer durante quince minutos cada vez, lo cual le permitía quedar llena.
>
> "El lazo de unión entre las dos se fortaleció nuevamente, como había sido en las primeras dos semanas. Soy una madre feliz de nuevo. ¡Ella sonríe y también yo sonrío!"

más temprano en la noche, disminuirá el número despertares nocturnos y comenzará a seguir un horario.

CONFUSIÓN ENTRE EL DÍA Y LA NOCHE: BUENAS NOTICIAS

Al mismo tiempo que comienzan a establecerse los relojes de 90 minutos durante este período, comienzan también a perfilarse los ritmos circadianos (diurnos). Estos ritmos de 24 horas por lo general se establecen hacia la semana 46 después de la concepción, o seis semanas después del nacimiento de un bebé a término. Tal como indiqué anteriormente, los ritmos circadianos pueden inducir llanto al caer la noche. Sin embargo, su aparición es buena noticia porque le ayudarán al bebé a mover el período más largo de sueño a la noche, ¡donde definitivamente pertenece! Hasta entonces, mantenga los buenos hábitos de utilizar una luz suave (o roja) y de hablar en voz baja cuando su bebé despierte en la noche. Si descubre que su bebé está totalmente despierto a las 2:00 ó 3:00 a.m. y no puede calmarlo ni lograr que duerma mientras lo amamanta, no desespere. No hay ninguna razón por la cual un bebé pequeño deba permanecer despierto durante más de 90 minutos. Esto es cierto también en la noche, y es cierto aunque el bebé haya dormido una siesta muy larga durante el día. Una vez reconozca esta verdad, no sentirá pánico cuando el bebé despierte feliz y listo para jugar a las 3:00 a.m. En el peor de los casos, volverá a dormirse a las 4:30 a.m. (Recuerde no fomentar el juego a medianoche; aunque el bebé esté totalmente despierto, mantenga la habitación a oscuras y en silencio. Si tiene que alzarlo, no es problema, pero no encienda todas las luces ni saque todos los juguetes.) El simple hecho de que pronto podrá volver a dormir le ayudará a enfrentar la situación.

MAPAS DE LAS SIESTAS DE UNOS BEBÉS DE OCHO SEMANAS

A fin de ilustrar cómo emergen los patrones de las siestas, a continuación encontrará los "mapas de las siestas" de tres bebés de corta edad: Mia, Jack e Isaac. Todos tienen ocho semanas y los padres están comprometidos con ayudar a sus hijos a seguir sus ritmos internos. A esta edad la duración y el número de las siestas varía, de manera que el día de cada bebé será diferente y probablemente haya cambios de un día a otro. (Los bebés de más edad suelen desarrollar horarios más previsibles, por lo general hacia los tres y los seis meses.) Estos son mapas de las *siestas*, de manera que, aparte de la hora de acostarse y de levantarse, no incluyen información sobre el sueño nocturno. *No trate de imponer a su bebé ninguno de estos horarios.* Son apenas unos ejemplos para ilustrar la forma como funciona el programa.

Obsérvese que el intervalo entre cada período de vigilia y el período subsiguiente de sueño siempre es de 90 minutos, independientemente de lo corta o larga que sea la siesta. En lo que queda de este capítulo, y en el siguiente, haremos un seguimiento a Mía, Jack e Isaac a medida que crecen y cambian sus patrones de sueño durante el día.

LAS SIESTAS DE MIA	LAS SIESTAS DE JACK	LAS SIESTAS DE ISAAC
Despertar 5:30 a.m.	**Despertar** 7:30 a.m.	**Despertar** 6:45 a.m.
Primera siesta 7:00 a.m. – 8:30 a.m.	**Primera siesta** 9:00 a.m. – 9:20 a.m.	**Primera siesta** 8:15 a.m. – 10:45 a.m.
Segunda siesta 10:00 a.m. – 11:30 a.m.	**Segunda siesta** 10:50 a.m. – 1:50 p.m.	**Segunda siesta** 12:15 a.m. – 3:15 p.m.
Tercera siesta 1:00 p.m. – 4:00 p.m.	**Tercera siesta** 3:20 p.m. – 4:00 p.m.	**Tercera siesta** 4:45 p.m. – 7:45 p.m.
Cuarta siesta 5:30 – 6:00 p.m.	**Cuarta siesta** 5:30 – 6:00 p.m.	**Hora de acostarse** 9:15 p.m.
Quinta siesta 7:30 p.m. – 9:00 p.m.	**Quinta siesta** 7:30 p.m. – 9:30 p.m.	
Hora de acostarse 10:30 p.m.	**Hora de acostarse** 11:00 p.m.	

La historia de Jennifer: *mi esposo creyó que estaba loca*

"Mi hija Ada siempre ha dormido bien en la noche desde que era muy pequeña. Pero no dormía bien durante el día. En un principio me fue difícil aceptar el plan N.A.P.S. Parecía ilógico que después de dormir 11 horas en la noche, Ada tuviera que dormir otra siesta al comienzo de la mañana.

"Sin embargo, comencé a acostarla a los 90 minutos después de haber despertado en la mañana, y funcionó. Realmente necesitaba el sueño y se ponía irritable si no podía dormir. Mi esposo creyó que estaba loca hasta que vio que sí funcionaba.

"Un problema que hemos tenido es la presión de llevar al bebé a donde quiera que vamos, de seguir la vida como siempre y hacer que el bebé se acomode a ella. Creo que hace diez o quince años la gente no tenía este problema. Se supone que uno debe asistir a almuerzos y fiestas y salir de compras, siempre con el bebé. Los bebés de otras parejas a quienes conocemos duermen en las sillas del automóvil y con los accesorios de viaje. Algunos de ellos al parecer duermen bien y durante mucho tiempo sentados en los coches caminadores. Pero mi bebé nunca ha sabido dormir bien en público. En realidad necesitó ayuda para dormirse inclusive durante las primeras semanas. No siempre es fácil resistirse al calendario social, pero sé que una de las razones por las cuales me quedo en casa durante estos primeros meses es para adaptarme a las necesidades de mi bebé".

EL PLAN N.A.P.S. DE UNA OJEADA

De las dos semanas a los tres meses

- El ciclo de los 90 minutos entrará a actuar durante este período si no lo ha hecho todavía. Aplique el plan N.A.P.S. para asegurarse de que su bebé duerma lo suficiente.

* * * * * * * * * * * * * * * * * *

- La mayoría de los bebés de esta edad necesitan aproximadamente entre quince y dieciséis horas de sueño.

- Es probable que no vea todavía un horario regular de siestas, pero sus días y sus noches adquirirán un mejor ritmo si aplica el plan N.A.P.S.

- El llanto misterioso suele ser señal de cansancio. También puede deberse al desarrollo neurológico, el cólico o la irritabilidad de las primeras horas de la noche. El plan N.A.P.S. debe ayudar, pero si le preocupa que el llanto sea señal de alguna condición médica, consulte al pediatra.

- En esta edad, la mayoría de los bebés necesitan ayuda para conciliar el sueño.

- Insista en brindar a su bebé la oportunidad de volver a dormir si abre los ojos y hace ruidos sin llorar.

- La confusión entre la noche y el día por lo general se resuelve hacia las ocho semanas, si no antes. Hasta entonces, recuerde que su bebé no permanecerá despierto en la noche durante más de una hora y media cada vez.

- Durante este período, su bebé puede perder la habilidad para dormir durante las salidas. Si eso sucede, trate de estructurar sus días de manera que pueda estar en casa para las siestas del bebé.

De los tres a los cinco meses

A medida que el bebé deja atrás el período neonatal, la vida se vuelve más tranquila. La mayoría de los bebés lloran menos, los padres se sienten más seguros de lo que hacen y comienzan a disfrutar mucho más a sus bebés. Es una

✳ ● ✳ ● ✳ ● ✳ ● ✳ ● ✳ ● ✳ ● ✳ ● ✳ ● ✳ ● ✳ ● ✳ ● ✳ ● ✳ ●

Todavía deberá descansar cada vez que pueda y aceptar –o pedir– la ayuda de la familia y los amigos. verdadera alegría ver asomar la personalidad del bebé mientras este se divierte explorando el mundo. Pero de todas maneras habrán sido tres meses largos y es probable que las reservas de energía que acumuló el niño antes de nacer estén al borde de agotarse. Todavía deberá descansar cada vez que pueda y aceptar –o pedir– la ayuda de la familia y los amigos.

En esta edad, su bebé necesita cerca de catorce o quince horas de sueño al día. Buena parte de estas horas serán nocturnas, aunque de todas maneras habrá siestas frecuentes durante el día. Como verá, durante el período de los tres a seis meses ocurren varios cambios importantes. Las siestas se alargan y se tornan más constantes; el bebé concilia el sueño más temprano en la noche; y la duración de algunos ciclos de vigilia puede duplicarse o hasta triplicarse.

DURACIÓN Y REGULARIDAD DE LAS SIESTAS

Entre los tres y los seis meses, los bebés comienzan a consolidar sus siestas cortas y frecuentes en períodos más largos de sueño durante el día. Por lo general, los padres ven perfilarse tres siestas durante el día: una en la mañana, otra en la tarde y la última hacia el final de la tarde o las primeras horas de la noche. Esta última siesta suele ser muy corta. Si su hijo necesita esa última siesta del día, no lo prive de ella, pues no interferirá con un buen sueño nocturno.

No se preocupe si su bebé no cumple este patrón de tres siestas diarias. Algunos bebés necesitan menos o más siestas durante el día, dependiendo de cuánto duerman en la noche y de la duración de las siestas. Algunos duermen solamente dos veces al día, siempre y cuando sean siestas largas y se acuesten temprano en la noche. Otros bebés necesitan cuatro siestas, y otros continúan durmiendo varias siestas cortas y frecuentes. Si su bebé es de los que duerme poco a cada rato, continúe con la práctica de arrullarlo hacia el final del ciclo de los 90 minutos, aunque termine durmiendo cinco o seis veces al día. Si las siestas no se alargan espontáneamente hacia los seis meses de edad, puede tomar medidas para mejorarlas (véanse las páginas 173-176).

Sin importar cuántas veces duerma su bebé durante el día, la duración y las horas de las siestas deben comenzar a regularizarse día por día. El plan N.A.P.S. promueve esa regularidad.

LA HORA DE ACOSTARSE

Hacia los cuatro o cinco meses de edad, la mayoría de los bebés no se quedan despiertos hasta tarde: comienzan a alistarse para la noche cada vez más temprano. La mayoría de los bebés a partir de esta edad prefieren dormirse entre las 6:00 y las 8:00 p.m. Aconsejo a los padres que trabajan fuera de la casa evitar la tentación de mantener despierto al bebé hasta tarde. La mayoría de los bebés (¡y advierto que también los niños mayorcitos!) despiertan temprano en la mañana con los primeros rayos del sol y aunque se acues-

Para el cerebro en desarrollo es importante registrar la salida del sol. Se trata de una clave significativa para los relojes cerebrales, los cuales regulan buena parte de la fisiología y no solamente el ciclo del sueño y la vigilia.

ten tarde no pueden prolongar su sueño matutino para compensar las horas perdidas.

Aun si es posible mantener despierto al bebé hasta tarde y postergar la hora de despertar en la mañana, no aconsejo ese proceder. Para el cerebro en desarrollo es importante registrar la salida del sol. Se trata de una clave significativa para los relojes cerebrales, los cuales regulan buena parte de la fisiología y no solamente el ciclo del sueño y la vigilia. Muchos de nuestros procesos físicos se optimizan cuando están sincronizados con los relojes biológicos. Cualquiera que trabaje en el turno de la noche podrá dar fe de este fenómeno. Las personas que trabajan de noche tienden a no estar muy alertas en el trabajo y tienen dificultades para dormir cuando termina su turno. Sufren de tasas más elevadas de ciertas enfermedades, y su esperanza de vida es menor. Cuando encuentro padres decididos a retrasar la hora de acostar al bebé, les recuerdo que el sueño es una necesidad biológica básica. Aunque a veces es preciso acostar al bebé más tarde, haga lo posible para que pueda acostarse temprano, aunque tenga menos tiempo para compartir con él al llegar del trabajo. Quizás pueda destinar tiempo en la mañana para jugar con su bebé; en todo caso, la mayoría de los bebés se muestran más alegres y receptivos a esa hora.

ALARGAR EL TIEMPO DE JUEGO

No hay una edad exacta a la cual el bebé pueda permanecer despierto por más de 90 minutos. Sin embargo, después del cuarto mes muchos bebés prolongan uno o más de sus ciclos de vigilia de 90 minutos a tres horas (dos ciclos consecutivos de 90 minutos) o hasta cuatro horas y media (tres ciclos consecutivos de 90 minutos). Sin importar a qué edad comience su bebé a permanecer despierto más tiempo, este cambio se manifiesta de diversas formas bastante previsibles. El primer período prolongado de actividad por lo general aparece en las primeras horas de la noche, justo antes de la hora de acostarse. Puede aparecer también justo después de despertar en la mañana. Aunque es de esperar que el cambio ocurra en incrementos graduales, de 90 minutos de vigilia a 100, 110 y así sucesivamente, los bebés en realidad hacen la transición de manera algo abrupta, de los 90 minutos directamente a los 180 o los 270.

¿Cómo saber si su bebé está listo para prolongar uno de sus ciclos de vigilia? Cada bebé sigue las órdenes de su horario interno, de manera que es importante respetar las claves del bebé en lugar de imponer un horario. Recuerdo la sorpresa que me llevé cuando mi hija dejó de dormir a la hora acostumbrada de su siesta de final de la tarde. No estaba particularmente irritable en la cuna, sencillamente despierta y tranquila. También observé que estuvo alegre hasta la hora de acostarse 90 minutos después. ¡Esas fueron mis claves! Después de unas cuantas tardes de ese comportamiento me di cuenta de que había abandonado

✳ • ✳ • ✳ • ✳ • ✳ • ✳ • ✳ • ✳ • ✳ • ✳ • ✳ • ✳ • ✳ • ✳ • ✳ •

su siesta corta de final de la tarde y había pasado a un ciclo más largo de vigilia al comienzo de la noche.

Si su bebé comienza a prolongar el período de vigilia de la mañana, es probable que acorte su primera siesta del día. Por ejemplo, si el horario matutino de su bebé es algo así:

Despertar: 6:30 a.m.
Siesta matutina: 8:00 – 11:00 a.m.

No tardará en ser algo así:

Despertar: 6:30 a.m.
Siesta matutina: 9:30 – 11:00 a.m.

No crea que la siesta matutina ha desaparecido. Sencillamente se ha acortado. Su bebé probablemente seguirá obedeciendo a su ciclo de 90 minutos el resto del día, quizás con un período de vigilia más largo justo antes de la hora de acostarse. Como siempre, no imponga a su bebé períodos más prolongados de actividad. Observe las claves de su bebé, las cuales le indicarán en qué momento estará listo para dormir.

Hay bebés que parecen adoptar períodos más largos de vigilia –bien sea en la tarde, en la mañana o en ambos momentos– casi de un día para otro. Otros bebés necesitan unos pocos días o unas pocas semanas para hacer la transición. Quizás permanezcan despiertos más tiempo ciertos días pero no otros. Tendrá que hacer acopio de paciencia hasta que termine la transición, porque su bebé podrá estar excesivamente cansado los días en que no duerme tanto como antes. No tardarán en acomodarse los dos a la nueva rutina. Quizás eche de menos ese tiempo adicional de reposo, pero también gozará de esos intervalos más largos sin tener que pensar en las siestas del bebé.

VIGILIAS NOCTURNAS: ¿ALIMENTAR O ARRULLAR?

Los padres que leen libros y toman cursos antes del nacimiento del bebé reciben mucha información sobre las comidas del bebé. Eso está bien, porque alimentar a un recién nacido puede ser más difícil de lo que parece. En los primeros meses, los bebés sienten hambre a intervalos frecuentes e irregulares y se los debe alimentar por demanda. Infortunadamente, los expertos a veces centran toda su atención en el hambre como causa del despertar nocturno. Esto lleva a los padres a pasar fácilmente por alto otras razones por las cuales el bebé despierta en la noche.

Tendemos a pensar que el alimento es la principal fuerza organizadora de la vida del bebé, y que los bebés *siempre* se despiertan por hambre en la noche y, por tanto, deben comer todas las veces. Si bien es cierto que despiertan por hambre, a veces la razón del despertar es la inmadurez del sistema nervioso y otras veces es la falta de sueño durante el día. Si su bebé no tiene hambre verdaderamente pero usted lo alimenta de todas maneras, provoca dos problemas. El primero es no atender la causa real, es decir, la necesidad que tiene el bebé de que lo arrullen para volver a dormirse. El segundo es que entrenará inadvertidamente a su bebé para que despierte a la misma hora las noches siguientes. Comer es un determinante muy fuerte de los despertares nocturnos. En experimentos con animales, cuando se les presenta alimento durante un período de sueño, los animales aprenden rápidamente a despertar a la misma hora a la noche siguiente a la espera de un bocado.

Claro está que todo esto suena muy bien en la teoría, pero en la vida real no es fácil para los padres saber lo que deben hacer. El problema es que cuando el bebé llora en la noche, es difícil saber a ciencia cierta por qué está molesto. ¿Tiene hambre o sencillamente ansía volver a dormir? A medianoche, la solución más sencilla es dar de comer: el bebé deja de llorar y muchas veces vuelve a dormir.

Antes de proceder a reducir las comidas durante la noche, consulte con su pediatra. Si su bebé no sube de peso o tiene otros problemas de salud, alimentarlo puede ser la medida más apropiada cada vez que el bebé despierte. Si ese es el caso, siga las indicaciones del médico. Aunque su bebé esté sano y subiendo de peso, sepa que en los primeros meses él puede estar genuinamente hambriento la mayor parte del tiempo.

Sin embargo, después del período neonatal, los padres están en capacidad de interpretar el llanto del bebé y saber, por su sonido, si tiene hambre, está incómodo, aburrido o somnoliento. Atienda a esas claves antes de suponer automáticamente que su bebé tiene hambre, y bríndele la oportunidad de comunicarle lo que necesita. Si hace poco lo alimentó y el bebé despierta al final del ciclo

MAPA DE LAS SIESTAS DE UNOS BEBÉS DE CINCO MESES

Son varios los cambios que ocurren entre los tres y los seis meses de edad. Se desarrollan los patrones constantes de las siestas, el bebé se acuesta más temprano en la noche y pueden aparecer períodos de actividad más prolongados (en incrementos de 90 minutos) en particular en la noche. Los siguientes son ejemplos de horarios que demuestran la forma como se afianzan los cambios. Recuerde que su bebé puede no ajustarse a ninguno de estos horarios al pie de la letra y podrá desarrollar su propio horario.

LAS SIESTAS DE MIA	LAS SIESTAS DE JACK	LAS SIESTAS DE ISAAC
Mia ha comenzado a tomar tres siestas con regularidad: una en la mañana, otra en la tarde y una corta justo antes de la cena. Ha desarrollado un período de vigilia de tres horas después de despertar y al comienzo de la noche, y ahora se acuesta para su sueño nocturno a las 8:00 p.m.	Jack duerme ahora una serie de siestas cortas durante el día. ¡Sus padres están felices porque se acuesta temprano en la noche! Todavía no tiene períodos largos de vigilia, cosa que suele suceder cuando los bebés duermen siestas cortas.	Isaac duerme dos siestas muy largas durante el día. Tiene ciclos de vigilia de 90 minutos durante el día, salvo por un período de vigilia de cuatro horas y media hacia el final de la tarde.

Las siestas de Mia	Las siestas de Jack	Las siestas de Isaac
Despertar 7:00 a.m.	**Despertar** 6:00 a.m.	**Despertar** 6:30 a.m.
Siesta matutina 10:00 a.m. – 11:30 a.m.	**Primera siesta** 7:30 a.m. – 8:30 a.m.	**Primera siesta** 8:00 a.m. – 11:00 a.m.
Siesta de la tarde 1:00 p.m. – 3:00 p.m.	**Segunda siesta** 10:00 a.m. – 11:00 a.m.	**Segunda siesta** 2:00 p.m. – 4:00 p.m.
Siesta del final de la tarde 4:30 p.m. – 5:00 p.m.	**Tercera siesta** 12:30 p.m. – 1:00 p.m.	**Hora de acostarse** 8:30 p.m.
Hora de acostarse 8:00 p.m.	**Cuarta siesta** 2:30 p.m. – 3:00 p.m.	
	Quinta siesta 4:30 p.m. – 5:00 p.m.	
	Hora de acostarse 6:30 p.m.	

del sueño (por ejemplo, después de 90 minutos, tres horas, cuatro horas y media, seis horas o cualquier otro múltiplo de los 90 minutos) trate de arrullarlo para que se duerma, meciéndolo, caminando o dándole palmaditas en la cuna, en lugar de ofrecerle alimento inmediatamente. Si eso no funciona, ensaye con el alimento.

Ocho semanas después, todos los bebés cuyas madres habían recurrido a otras estrategias dormían al menos cinco horas consecutivas, concretamente entre la medianoche y las 5:00 a.m. En el grupo de los bebés alimentados, menos del 25 por ciento habían logrado esa hazaña.

Hay datos para apoyar esta estrategia nocturna. En un estudio de 1993, publicado en la revista *Pediatrics*, se le pidió a un grupo de madres que alimentaran a sus recién nacidos cada vez que despertaran llorando en la noche. A otro grupo se le pidió que administraran una "comida focal" entre las 10:00 p.m. y la medianoche; si los bebés despertaban posteriormente, debían tratar de estirar los intervalos entre las comidas mediante estrategias de arrullo siempre que fuera posible, pero se les dejaba libertad de alimentar a los bebés si juzgaban que en realidad tenían hambre. Ocho semanas después, todos los bebés cuyas madres habían recurrido a otras estrategias dormían al menos cinco horas consecutivas, concretamente entre la medianoche y las 5:00 a.m. En el grupo de los bebés alimentados, menos del 25 por ciento habían logrado esa hazaña. El estudio también reveló que los bebés de ambos grupos ingerían la misma cantidad de alimento en un período de 24 horas.

Este estudio deja buenas noticias para las madres lactantes. Yo apoyo firmemente la lactancia materna y me preocupa cuando oigo a otras personas decir a las madres que la leche materna es menos espesa que la fórmula y, por tanto, tiene "menos probabilidades de quedarse en el

✳ ✳ ✳ ✳ ✳ ✳ ✳ ✳ ✳ ✳ ✳ ✳

Pero si puede sencillamente alzar al bebé y mecerlo para que se duerma nuevamente, le enseñará una lección poderosa y evitará establecer la conexión entre la fatiga y el alimento.

estómago del bebé". Este supuesto lleva a muchas madres a cambiar la leche materna por unos dudosos beneficios de la fórmula en lo que al sueño se refiere. Otras amamantan con frecuencia durante la noche porque creen que el bebé necesita un suministro constante de leche materna para nutrirse. En realidad, este estudio sugiere que si las madres no recurren exclusivamente al alimento durante la noche, los bebés compensan las calorías en otros momentos del día y aprenden más pronto a dormir toda la noche.

Quisiera recalcar nuevamente que no se debe nunca privar de alimento a un bebé hambriento o evitar alimentar a un bebé que no aumenta de peso. Pero si puede sencillamente alzar al bebé y mecerlo para que se duerma nuevamente, le enseñará una lección poderosa y evitará establecer la conexión entre la fatiga y el alimento.

A medida que crezca el bebé, y con la autorización de su pediatra, también podrá alargar los intervalos entre las comidas diurnas, lo cual tiene un efecto positivo sobre el sueño nocturno. Trate de apuntarle a intervalos de cuatro horas hacia los seis meses de ser posible, si lo logra antes, ¡tanto mejor! Los bebés que comen cada dos horas durante el día por lo general despiertan con frecuencia durante la noche, quizás porque están condicionados a esperar el alimento y, por tanto, despiertan para recibirlo.

✳ ● ✳ ● ✳ ● ✳ ● ✳ ● ✳ ● ✳● ✳ ● ✳ ● ✳ ● ✳ ● ✳ ● ✳ ● ✳

Tres mitos sobre el alimento y el sueño

¿Duermen mejor los bebés más robustos? ¿Servirá el cereal de arroz para que el bebé duerma más? Veamos algunos mitos comunes sobre el alimento y el sueño del bebé.

MITO *Los bebés deben alcanzar un peso de doce (o nueve, o catorce) libras para poder dormir toda la noche.*
Los estudios no confirman la teoría de que los bebés deban alcanzar un cierto peso para poder dormir toda la noche. Ciertamente he visto unos cuantos bebés robustos que no pueden dormir bien. Sin embargo, todavía hay personas que creen en alguno de esos valores mágicos. En realidad la edad es mejor indicador del aprestamiento del bebé para dormir toda la noche porque ella, a diferencia del peso, refleja con mayor precisión el desarrollo neural. Por regla general (y hay excepciones) la mayoría de los bebés cuyo desarrollo y crecimiento son normales ya no necesitarán alimento durante la noche al cumplir los seis meses.

MITO *Los bebés alimentados con leche materna despiertan más veces durante la noche.*
Jamás alentaría a una madre a suspender la lactancia con la esperanza de prolongar el sueño nocturno del bebé. Ante todo, los beneficios de la leche materna han sido muy bien documentados y sería absurdo no reconocerlos. Aunque algunos estudios demuestran que los bebés alimentados con fórmula duermen más tiempo durante la noche que los bebés alimentados con leche materna, otros estudios llegan a la conclusión contraria. Son pocos los estudios que toman en cuenta el hecho de que el bebé duerma lo suficiente durante el día. Sin embargo, si una madre se apoya únicamente en amamantar al bebé como único medio para ayudarlo a

conciliar el sueño, el bebé puede habituarse a esperar varias comidas durante la noche, y despertará para obtenerlas.

MITO *Los alimentos sólidos ayudan al bebé a dormir más tiempo en la noche.*
Seguramente habrá oído que el bebé podrá dormir más durante la noche si le da cereal de arroz. Quizás sea cierto en algunos casos particulares, pero no en todos. El cereal de arroz (u otros sólidos) no siempre prolongan el sueño de los lactantes. A mí me entristece ver a los padres a quienes les han asegurado que el cereal sirve para dormir y que después se culpan a sí mismos (o al bebé) cuando ese recurso no funciona. Lo que es peor, poner cereal en el biberón del bebé puede llevar a una ganancia de peso acelerada y malsana.

El mensaje fundamental es el siguiente: no recurra al alimento como medio garantizado para que su bebé duerma toda la noche. Prefiera desarrollar buenos hábitos de sueño durante el día y recuerde que los bebés pueden despertar en la noche por otro motivo que no sea el hambre.

ENSEÑAR AL BEBÉ A ARRULLARSE A SÍ MISMO: HAGA UN ENSAYO

Aunque las técnicas de arrullo independiente funcionan mejor con los bebés mayorcitos, algunos bebés que están entre los tres y los seis meses de edad pueden conciliar el sueño sin ayuda, en particular si han sido objeto del plan N.A.P.S. y han comenzado a establecer una conexión entre la fatiga y la necesidad de dormir. Ensaye a arrullar a su bebé al final del ciclo de los 90 minutos y ponerlo en la

✳ ● ✳ ● ✳ ● ✳ ● ✳ ● ✳ ● ✳ ● ✳ ● ✳ ● ✳ ● ✳ ● ✳ ● ✳ ● ✳ ●

Muchos bebés no están listos para conciliar el sueño independientemente antes de los seis meses; algunos llegan a ese punto un poco después.

cuna cuando comience a mostrar adormecimiento pero esté despierto todavía; es probable que cierre los ojos y se duerma sin otra intervención suya.

Si lloriquea un poco, puede darle palmaditas o cantarle para ver si se tranquiliza. Pero si comienza a llorar a todo pulmón, probablemente no esté listo para arrullarse a sí mismo. Levántelo de la cuna y continúe con su rutina normal de arrullo hasta que se duerma. Podrá intentarlo nuevamente más adelante. Muchos bebés no están listos para conciliar el sueño independientemente antes de los seis meses; algunos llegan a ese punto un poco después (véanse las páginas 130-140 para más información sobre el arrullo independiente).

También puede considerar el método de levantar y acostar repetidamente al bebé, una estrategia popularizada por Tracy Hogg en su serie de *La niñera experta.* La premisa es simple: arrullar al bebé hasta que se adormezca. Si llora, levántelo y arrúllelo hasta que se calme nuevamente y luego acuéstelo. Continúe con ese patrón de levantar al bebé, arrullarlo y acostarlo nuevamente hasta que se duerma en la cuna, o hasta que demuestre con su deseo de jugar que ha entrado en otro ciclo de vigilia. El método de levantar y acostar repetidamente al bebé funciona bien en algunos casos, pero genera confusión o estímulo en otros. Sin embargo, no hace daño, de manera que vale la pena ensayar.

Tenga presente que los bebés de temperamento más difícil o más social, o que no están bien descansados, tienen mayor dificultad para conciliar el sueño por su cuenta. Y el momento es crucial: si acuesta a su bebé en la mitad del ciclo de vigilia, no se dormirá por agotado que esté. Espere hasta el final del ciclo cuando esté cansado y listo para dormir. También podría descubrir que su bebé aprenderá a arrullarse a sí mismo más fácilmente a la hora de acostarse en la noche que a la hora de las siestas diurnas.

EL PLAN N.A.P.S. DE UNA OJEADA

De los tres a los cinco meses

- La mayoría de los bebés todavía necesitan entre catorce o quince horas de sueño al día, aunque es posible que su bebé necesite más o menos. A esta edad, los bebés que siguen el plan N.A.P.S. deben ya obtener una cantidad constante de sueño todos los días.

- Continúe con el plan N.A.P.S. Esto fomentará unos períodos de sueño más largos tanto durante el día como durante la noche.

- Hacia el cuarto o el quinto mes, el bebé se acostará más temprano en la noche y probablemente verá que las siestas se consolidan en períodos previsibles de sueño. Muchos bebés duermen una siesta en la mañana, una en la tarde y otra hacia las primeras horas de la noche. Pero no se preocupe si su bebé necesita más siestas o menos.

- Es probable que su bebé desarrolle también la habilidad de permanecer despierto durante períodos más largos (por lo general de tres o cuatro horas y media) durante el día.

* Si su bebé se despierta con frecuencia durante la noche, considere que puede no tener hambre. Tras consultar con el pediatra –y *solamente* si este autoriza– trate de arrullar al bebé para que se duerma sin darle de comer.

* Pregunte también al pediatra si puede espaciar las comidas del día, de manera que sean cada cuatro horas. Es importante saber que algunos bebés tienen problemas de salud que exigen que se los alimente con mayor frecuencia.

* Al finalizar el ciclo de vigilia, ensaye a acostar al bebé cuando dé muestras de somnolencia aunque esté despierto todavía. Quizás su bebé le dé la sorpresa de quedarse dormido sin protestar. Pero no se alarme si no es así. De todas maneras es demasiado pronto para que muchos bebés puedan conciliar el sueño sin ayuda.

CAPÍTULO CINCO

El plan N.A.P.S.

Desde los seis meses hasta el año y después

En la segunda mitad del primer año de vida, los bebés pasan a otro nivel de madurez neurológica y es más fácil para los padres recuperar lentamente su anterior estilo de vida. Esto se debe a que los bebés de más edad pueden conciliar el sueño sin ayuda, dormir toda la noche, permanecer despiertos más tiempo durante el día y desarrollar un horario.

De los seis a los ocho meses

Cuando su bebé llegue a la meta de los seis meses, todavía necesitará dormir mucho, por lo general entre trece y catorce horas diarias. Continúe con el plan N.A.P.S. para mantener los buenos hábitos de sueño. Tendrá que hacer algunos ajustes a medida que se prolongan los períodos de vigilia y que el bebé aprende a quedarse dormido sin ayuda. Sin embargo, si su bebé está bien descansado, estas transiciones deberán ser bastante suaves. Si su bebé todavía duerme siestas cortas y frecuentes, o si despierta mucho durante la noche, no desespere. El bebé ya tiene edad suficiente para aprender unas cuantas destrezas relacionadas con el sueño y en esta sección aprenderá a enseñárselas.

ESPERE OTRO PERÍODO PROLONGADO DE VIGILIA

Es probable que su bebé ya pueda permanecer despierto durante tres o cuatro horas y media en ciertos momentos del día, en particular al caer la tarde o tras despertar en la mañana. Es probable que por esta época se perfile otro período de vigilia de unas tres horas a partir del sexto mes, aunque en algunos casos demora hasta el séptimo, el octavo o el noveno mes de edad. Por lo general ocurre entre las siestas de la mañana y de la tarde.

CÓMO AYUDAR AL BEBÉ A CONCILIAR EL SUEÑO SIN AYUDA

Esta es una de las preguntas que me hacen con mayor frecuencia: ¿Qué hacer para que mi bebé pueda conciliar el sueño sin ayuda? En los primeros meses de vida, la mayoría de los bebés no pueden dormirse sin ayuda porque no logran aislarse del ruido del mundo exterior. Hasta este momento, usted seguramente ha recurrido a estrategias como mecer al bebé, acostarse al lado de él, o quizás amamantarlo hasta que esté profundamente dormido. (No me inclino por amamantar al bebé para dormirlo una vez rebasada la etapa neonatal, pero hay casos en los cuales esa es la única técnica que funciona, en particular si el bebé sufre de cólico.)

Pero el período entre los seis y los ocho meses ofrece una oportunidad inmejorable. Ante todo, aunque a veces puede ser difícil enseñarle al bebé a arrullarse a sí mismo, no hay otra edad en que sea más fácil, pues el bebé ha llegado a un punto en que está neurológicamente listo para conciliar el sueño sin ayuda, pero todavía es flexible psicológicamente y no está apegado fuertemente a determinados hábitos de sueño. Más adelante, aunque todavía es posible, será más difícil.

MAPAS DE LAS SIESTAS DE UNOS BEBÉS DE SIETE MESES

Por esta época es probable que vea aparecer otro período de vigilia, pero recuerde que los bebés siguen sus propios horarios, de manera que este período se desarrollará solamente cuando su bebé esté listo. Recuerde también que los horarios que aparecen a continuación son solamente ejemplos y no horas exactas para su bebé. Permita que su bebé desarrolle su rutina propia en forma natural.

LAS SIESTAS DE MIA	LAS SIESTAS DE JACK	LAS SIESTAS DE ISAAC
El día de Mia sigue igual que a los cinco meses de edad (véase la página 119). Todavía no se alarga el tiempo entre las siestas y tampoco ha abandonado la siesta de final de la tarde, y sus padres no deben presionarla para que lo haga.	El horario de Jack ha cambiado bastante desde los cinco meses de edad cuando dormía cinco siestas cortas durante el día (véase la página 119). Sus padres utilizaron las técnicas descritas en las páginas 137 y 139 para enseñarle a arrullarse a sí mismo y para que prolongara las siestas, y ahora duerme dos veces al día. También ha desarrollado tres períodos largos de vigilia: uno en la mañana, uno entre las siestas y uno antes de acostarse.	Cuando Isaac tenía cinco meses, dormía solamente dos siestas en el día, sin siesta al final de la tarde (véase la página 119). A los siete meses, el patrón sigue siendo parecido, salvo que Isaac permanece despierto durante más tiempo en la mañana, su primera siesta es más corta y permanece despierto durante tres horas entre las siestas.
Despertar 7:00 a.m.	**Despertar** 6:00 a.m.	**Despertar** 6:30 a.m.

LAS SIESTAS DE MIA	LAS SIESTAS DE JACK	LAS SIESTAS DE ISAAC
Siesta matutina 10:00 a.m. – 11:30 a.m.	**Primera siesta** 9:00 a.m. – 11:00 a.m.	**Primera siesta** 9:30 a.m. – 11:00 a.m.
Siesta de la tarde 1:00 p.m. – 3:00 p.m.	**Segunda siesta** 2:00 p.m. – 3:00 p.m.	**Segunda siesta** 2:00 p.m. – 3:30 p.m.
Siesta del final de la tarde 4:30 p.m. – 5:00 p.m.	**Hora de acostarse** 7:30 p.m.	**Hora de acostarse** 8:00 p.m.
Hora de acostarse 8:00 p.m.		

Son varias las ventajas de enseñar a los bebés a arrullarse a sí mismos:

1. El bebé que aprende a dormir sin ayuda por lo general comienza a dormir toda la noche al poco tiempo.
2. Saber arrullarse a sí mismo le ayudará a dormir siestas más largas.
3. Acostar al bebé para la noche se convertirá en un ritual agradable en lugar de un proceso física y emocionalmente agotador.
4. El bebé aprenderá a valerse por sí mismo, una destreza valiosa.

No hay una única forma "correcta" de enseñar al bebé las técnicas para arrullarse a sí mismo, por mucho que otras personas lo digan. El mejor método es el que más se acomode a la personalidad de su bebé y le permita quedarse dormido de acuerdo con sus propios ritmos internos.

Si su bebé concilia el sueño fácilmente en sus brazos o mientras lo amamanta, podría caer en la tentación de postergar indefinidamente las técnicas para enseñarle a arrullarse a sí mismo. O podría quejarse abiertamente de la dependencia nocturna del bebé pero disfrutarla en secreto. Es natural sentirse indispensable y necesitado. Aunque estos sentimientos son comprensibles, tenga cuidado. Los padres que dejan pasar la ventana de oportunidad para enseñar al bebé a arrullarse a sí mismo pueden terminar con un niño que depende de su presencia para dormir. Cuando el niño es mayor, esa dependencia se puede convertir en peleas a la hora de acostarse.

No hay una única forma "correcta" de enseñar al bebé las técnicas para arrullarse a sí mismo, por mucho que otras personas lo digan. El mejor método es el que más se acomode a la personalidad de su bebé y le permita quedarse dormido de acuerdo con sus propios ritmos internos. Antes de comenzar a enseñar la independencia para dormir, instituya las medidas preliminares para mejorar las probabilidades de éxito:

Establezca una rutina a la hora de dormir. Instituya una serie de actividades para calmar al bebé, como un baño caliente corto seguido de una lectura o una canción de cuna. Asegúrese de poder repetir esas actividades todas las noches. El bebé no tardará en asociar esos sucesos con el sueño de la noche. Si el bebé necesita comer u otra forma de arrullo para dormir, continúe con lo que ha venido haciendo por ahora. Cerciórese de que el elemento final de la rutina ocurra en la habitación del bebé y que la hora de acostarse coincida con el final del ciclo de vigilia. No permita que su temor a la hora de acostar al bebé convierta la rutina en un proceso largo y fatigoso. En los próximos meses y años, se alegrará de no haberlo hecho.

Asegúrese de que su bebé esté bien descansado. Dar un curso acelerado sobre cómo arrullarse a sí mismo a un bebé falto de sueño me parece algo cruel y extraño. Piense cómo se siente usted cuando no ha dormido bien. ¿Cómo es su actitud frente a un cambio súbito en esas circunstancias? No muy buena, apuesto. Muchos padres piensan, "El bebé está tan cansado que se quedará profundamente dormido sin protestar". ¡Esas son unas últimas palabras famosas! El agotamiento no facilita que el bebé pueda conciliar el sueño por su cuenta; en realidad puede tener el efecto contrario –y ser muy contraproducente– cuando el bebé sufre de falta de sueño.

Si su bebé no ha sido objeto del plan N.A.P.S. y está excesivamente cansado, destine unos pocos días para iniciar el plan y cerciorarse de que el bebé duerma todo lo que necesita. Si la única manera de lograr que el bebé duerma el tiempo suficiente es llevarlo a dar vueltas en el automóvil durante el día, o llevarlo cargado en un cabestrillo o canguro, o mecerlo en un columpio mecánico, hágalo, por ahora. Cuando ya el bebé haya acumulado suficientes horas de sueño y usted tenga claridad sobre el horario general de las siestas, puede pasar al bebé a la cuna e iniciar el entrenamiento.

Destine un horario y hable con sus vecinos. No trate de enseñar a su bebé a arrullarse a sí mismo si sabe que la rutina no tardará en alterarse debido a la visita de unos huéspedes o la llegada de las vacaciones. Evite utilizar las técnicas durante épocas de cambios grandes para su bebé, el destete, el regreso de uno de los padres al trabajo, el nacimiento de un hermano, o un cambio de casa. Si vive en un edificio de apartamentos donde se oyen fácilmente los ruidos, hable con sus vecinos. Explíqueles lo que piensa hacer e infórmeles que oirán algo de llanto. Elija un momento conveniente para todo el mundo, y no cuando los vecinos planean una gran fiesta.

A continuación aparecen dos alternativas para enseñar a su bebé a conciliar el sueño de manera independiente como parte de los ciclos de 90 minutos. Sugiero que comience a la hora de acostarse y no a la hora de una de las siestas. Al cabo de unos días o unas semanas, es probable que los resultados positivos se generalicen para abarcar también las siestas y los despertares nocturnos. También en la noche es más probable que estén ambos padres y es bueno contar con el apoyo moral de la pareja.

Primera técnica para enseñar al bebé a conciliar el sueño: llanto controlado. Este método conocido como "llorar hasta aprender" es uno de los más rápidos para enseñar al bebé a arrullarse a sí mismo y es el que más estudios de respaldo tiene. Comience por seguir el plan N.A.P.S. todo el día, ayudando a su bebé a conciliar el sueño como lo ha hecho normalmente, aunque tenga que cargarlo en un cabestrillo y acostarlo cuando esté profundamente dormido. Llegada la noche, realice las actividades de rutina a la hora en que el bebé esté ya listo para acostarse al final del ciclo de vigilia. Aplique el método usual para ayudarlo a dormir, pero suspéndalo cuando el bebé esté ya adormilado aunque todavía despierto. Póngalo en la cuna, bésolo y salga de la habitación.

> **Este método conocido como "llorar hasta aprender" es uno de los más rápidos para enseñar al bebé a arrullarse a sí mismo.**

¡Ahora viene la parte difícil! Es probable que el bebé proteste ante este cambio de rutina, pero no acuda inmediatamente. Espere unos cinco minutos. Si no se tranquiliza por su cuenta, entre a la habitación. Acaricie y tranquilice al bebé con su presencia, pero no lo saque de la cuna. Quédese no más de un minuto y salga nuevamente. Continúe con este patrón de esperar cinco minutos antes de acudir. Si siente que el hecho de acudir estimula al bebé o, si parece que el bebé comienza a calmarse y prepararse

Por lo general a las tres noches ya el bebé sabe cómo conciliar su sueño nocturno. para dormir, obedezca a su instinto y permanezca más tiempo afuera.

Hay quienes hablan mal del llanto controlado porque son padres cuyos hijos sufren de cansancio crónico y no están acostumbrados a obedecer las señales de sueño que su cuerpo les envía. Estos bebés pueden necesitar horas para conciliar el sueño sin ayuda. Pero si está aplicando el plan N.A.P.S., lo más seguro es que el proceso implique *mucho* menos llanto y no dure más de unos quince minutos.

A pesar de la mínima cantidad de llanto, para algunos padres es difícil soportar ese proceso. Su ventaja es la rapidez: cuando funciona, por lo general a las tres noches ya el bebé sabe cómo conciliar su sueño nocturno. La primera noche puede ser dura, mientras que la segunda, cuando el bebé podría ponerlos a prueba con un período de llanto más prolongado, puede ser todavía más dura. Pero por lo general a la tercera noche se ha logrado el objetivo.

¿Qué pasa si transcurren los quince minutos y su bebé no deja de llorar? Algunos expertos sostienen que es un error fijarle un límite de tiempo al proceso porque el bebé aprenderá que alguien acudirá en su ayuda si llora con suficiente fuerza y durante el tiempo necesario. Pero la mayoría de los padres piensan que es injusto dejar llorar al bebé durante mucho tiempo. También es cierto que si el bebé permanece despierto y llorando durante más de quince minutos, podrá entrar en otro ciclo de vigilia y no conciliar el sueño antes de que transcurran otros 90 minutos.

Mi consejo para la mayoría de los padres es entrar a la habitación después de quince minutos de llanto, sacar al bebé de la cuna y ensayar más adelante, quizás en unas cuantas semanas. Sin embargo, usted conoce a su bebé mejor que nadie y si siente que terminará por calmarse si le da un poco más de tiempo en la cuna, es probable que tenga razón.

Habrá momentos en los que deba suspender el entrenamiento. Sabrá si la técnica es demasiado dura para su bebé si el llanto se intensifica y adquiere un tono de sufrimiento. La ventana de oportunidad para enseñar al bebé a arrullarse a sí mismo puede ocurrir más tardíamente en algunos casos. Es probable que tenga más éxito si espera a que su bebé crezca un poco más. Otros bebés de temperamento difícil o muy sociables toleran menos la soledad (véase la página 170). En esos casos, un método más gradual como el que describo a continuación puede surtir mejor efecto. Lo importante, repito, es ajustar la técnica a la personalidad y el temperamento del bebé y no a su preferencia personal.

Segunda técnica para enseñar al bebé a conciliar el sueño: soledad gradual. Esta técnica es más gradual que la del llanto controlado. No es tan rápida ni confiable, pero minimiza el sufrimiento de algunos bebés (¡y de sus padres!). Se trata de llevar al bebé desde la presencia máxima de los padres hasta una presencia mínima en el transcurso de varias noches.

Comience con la rutina normal para acostar al bebé. Al finalizar el período de vigilia, aplique el método de siempre para arrullar al bebé pero suspenda antes de que el bebé se duerma. Póngalo en la cuna y quédese allí con él mientras le acaricia la espalda o le canta una canción. Es probable que proteste con llanto, pero sea firme y no lo saque de la cuna. Repita lo mismo durante unas cuantas noches hasta que vea que se duerme con facilidad. Cuando ya se haya acostumbrado a conciliar el sueño en la cuna, siéntese cerca sin acariciarlo ni cantarle. Unas pocas noches después, siéntese más lejos. Más adelante puede quedarse en la puerta de manera que el bebé sepa que está allí pero dependa menos de su presencia para dormirse. Por último debe llegar al punto de poder salir de la habitación antes de que el bebé se haya dormido y él pueda entonces conciliar el sueño por su cuenta.

Este procedimiento puede parecer mucho más fácil que el llanto controlado, al menos en el sentido de que hay menos lágrimas y *es* más fácil para algunos bebés y algunos padres. Para otros, es un proceso muy lento –a veces tarda días o hasta semanas– y desgasta a todo el mundo. A veces es preciso interrumpirlo a causa de una enfermedad o un viaje de trabajo antes de que se haya completado el período de entrenamiento. A algunos bebés en realidad les es más fácil conciliar el sueño solos si se encuentran en el sitio para dormir que ya conocen. Para ellos, tener a uno de sus padres cerca pero inaccesible es fuente de agitación, no de consuelo.

DORMIR CON EL BEBÉ: ASEGÚRESE DE QUE EN REALIDAD ES LO QUE USTED PREFIERE

Si se compromete a dormir con sus hijos y no desea enseñarlos a conciliar el sueño por su cuenta, acoja esa experiencia y disfrútela, siempre y cuando tenga plena claridad sobre lo que esa decisión implica.

Aunque dormir con un bebé pequeño puede ser una experiencia cálida y placentera, ¡tenga presente que las cosas pueden cambiar! A veces los angelitos se las arreglan para convertirse en niños que patean y dan vueltas, se despiertan con ganas de jugar a medianoche, duermen atravesados en la cama y por lo general hacen que nadie pueda dormir bien. Muchos estudios muestran que todos los integrantes de las familias en las cuales los hijos duermen con los padres duermen menos y obtienen sueño de menor calidad que en los casos en que los bebés duermen en su propia cuna o su cama. Recuerde también que enseñarle a un bebé de seis meses a dormir independientemente es *mucho* más fácil que enseñarle la misma habilidad a un niño de cuatro años.

Si conociendo estas desventajas de todas maneras le agrada la idea de dormir con el bebé, no hay problema. Pero si su única razón para hacerlo es el temor de que su bebé proteste durante horas si lo pone en la cuna, le tengo buenas noticias. Los niños objeto del plan N.A.P.S. por lo general aprenden a conciliar el sueño tras unos pocos minutos de llanto. Algunos aprenden sin llorar. ¿Por qué no ensayar? El bebé que aprende a arrullarse a sí mismo no solamente optimiza un buen sueño sino que aprende también a ser eficaz en lo que emprende. Los dos son regalos de los cuales su hijo se beneficiará toda la vida.

DORMIR TODA LA NOCHE

"Dormir toda la noche" es una frase imprecisa. Ante todo, puede haber una decena de formas de definir lo que eso significa. Además, las grabaciones de video y otras formas de monitorear el sueño muestran que los bebés –hasta los que se califican de "tener buen dormir"– despiertan varias veces durante la noche. Esos despertares por lo general ocurren al final de los períodos de sueño REM. Todos experimentamos los mismos despertares aunque no los recordemos al día siguiente. Al enseñar al bebé a dormir bien no le enseñamos a no despertar durante la noche. Le enseñamos a volver a dormir por sí solo después.

Estos despertares normales pueden ser perturbadores para un bebé que se ha dormido profundamente en los brazos de su madre y se despierta "súbitamente" en una cuna. Esa sorpresa es la clase de cosa que puede sacudir al bebé para despertarlo por completo. Piensa, "¡Caramba! ¿Qué sucedió? ¿A dónde fuiste, mamá?" Entonces queda totalmente despierto y necesita que su madre lo consuele hasta que vuelva a dormir. De ahí la importancia de enseñarle al bebé a dormirse por sí solo. Cuando un bebé aprende a acostarse en su cuna para la noche, se asusta mucho menos durante los despertares nocturnos. "Ah", piensa en su duermevela, "Estoy aquí en mi acogedora cuna. Creo que cerraré los ojos nuevamente". Y, por lo general, en menos de un minuto estará profundamente dormido.

Si su bebé todavía no duerme toda la noche, su primera medida debe ser enseñarle a conciliar el sueño por su cuenta a la hora de acostarse. Usted podrá continuar respondiendo como siempre –alimentándolo, meciéndolo o metiéndolo en su cama– si despierta en la noche. A las pocas semanas de aprender a conciliar el sueño independientemente al inicio de la noche, probablemente comenzará a volver a dormir sin ayuda cuando despierte a medianoche.

Si eso no sucede, usted podrá hacer unas cuantas cosas. ¿Todavía alimenta al bebé durante la noche? Como dije antes, el alimento es un buen motivo para despertar. Trate de retirarle lentamente el alimento (recortando el tiempo al seno o reduciendo la cantidad de fórmula) en el transcurso de varias noches y después recurra a otras técnicas para arrullarlo y ayudarlo a dormir. La gran mayoría de los bebés que pueden conciliar el sueño por su cuenta a la hora de acostarse y que no reciben alimento a medianoche comienzan a dormir toda la noche.

Sin embargo, algunos bebés insisten en llorar para llamar a sus padres. En ese momento puede aplicar las técnicas de llanto controlado o soledad gradual durante los despertares nocturnos. O quizás descubra que aunque su bebé llora una o dos veces durante la noche, volverá a dormirse después de una corta intervención suya, como unos pocos minutos de acariciarlo o mecerlo. Si esas intervenciones

✳ ● ✳ ● ✳ ● ✳ ● ✳ ● ✳ ● ✳ ● ✳ ● ✳ ● ✳ ● ✳ ● ✳ ● ✳ ● ✳

La gran mayoría de los bebés que pueden conciliar el sueño por su cuenta a la hora de acostarse y que no reciben alimento a medianoche comienzan a dormir toda la noche. no perjudican seriamente su propio sueño, puede adoptar el método de esperar para ver. Es probable que su bebé comience a arrullarse solo cuando esté un poco mayor, al cabo de unas pocas semanas o unos pocos meses. No permita que nadie le genere sentimiento de culpa por acudir donde el bebé si ha seguido todos los consejos para enseñarle a dormir y si está siguiendo el plan N.A.P.S. Aunque de poco consuelo sirva en medio de esos momentos duros, lo más importante es que su bebé estará bien descansado.

EL PLAN N.A.P.S. DE UNA OJEADA

De los seis a los ocho meses

- Un bebé de esta edad duerme en promedio de trece a catorce horas diarias. Es probable que su bebé necesite dormir un poco más o un poco menos.

- Siga implementando el plan N.A.P.S. Puede que ya haya visto que su bebé desarrolla períodos más extensos de vigilia en la tarde y/o en la mañana; ahora, puede que su bebé también dé muestras de una ventana de actividad entre siestas.

- Entre los seis y los ocho meses de edad, la mayoría de los bebés están listos para aprender a dormirse por su cuenta. Practique alguna de las técnicas de arrullo descritas en las páginas 137 a 140 para aprovechar esta ventana de oportunidad.

Una vez que le haya enseñado a su bebé cómo quedarse dormido por su cuenta en la noche, puede usar la misma técnica para mejorar las siestas.

• Espere un mejor descanso. La mayoría de los bebés que se duermen por sí solos empiezan a pasar la noche de largo.

LAS SIESTAS: CONCILIAR Y MANTENER EL SUEÑO

Cuando ya su bebé pueda dormirse sin ayuda en la noche, podrá enseñarle a hacer lo mismo a la hora de la siesta. Las destrezas para aprender a conciliar el sueño sin ayuda son básicamente iguales a la hora de la siesta. Será útil una rutina corta, quizás un libro o una canción de cuna. Trate de que sea lo más corta posible. Después proceda con el método que prefiera para que el bebé se arrulle a sí mismo. Si el bebé ya aprendió a conciliar el sueño en la noche, ya conoce el proceso y probablemente se quedará dormido a la hora de la siesta sin mayores protestas. Eso es bueno porque definitivamente es importante limitar el llanto de la siesta a unos quince minutos únicamente. Transcurrido ese tiempo se iniciará la siguiente etapa de 90 minutos de vigilia y usted tendrá que ensayar nuevamente en la siesta siguiente.

Si está utilizando el plan N.A.P.S. pero su bebé todavía hace siestas muy cortas durante el día, podrá utilizar las técnicas para ayudarlo a conciliar el sueño sólo para alargar

La historia de Andy: *los despertares nocturnos comenzaron a empeorar*

"Mi esposa y yo teníamos una amiga que utilizaba el plan N.A.P.S. y fue ella quien nos lo recomendó con mucho entusiasmo. Su bebé había estado bajo la influencia del plan desde las primeras semanas de edad y con el tiempo aprendió a dormir toda la noche con tan solo unos minutos de llanto. A mi esposa y a mí nos interesó mucho. No queríamos dormir con el bebé, pero tampoco deseábamos dejarlo llorar durante mucho tiempo.

"Durante los primeros meses, el plan N.A.P.S. funcionó perfectamente. A los seis meses llegó el momento de enseñarle a Joey a dormir independientemente y a dormir toda la noche. Esperaba ansioso ese momento porque soy yo quien hace los turnos de la noche en el hogar. Por suerte, Joey aprendió a conciliar el sueño en la noche tras apenas unos cinco minutos de llanto. Mi esposa y yo estábamos muy orgullosos de Joey y nos felicitábamos por ser tan buenos padres. Me dediqué a esperar tranquilamente que las noches mejoraran.

"Pero no fue así. Los despertares nocturnos comenzaron a empeorar. El bebé despertaba hasta tres y cuatro veces todas las noches y cada vez era más difícil lograr que se quedara tranquilo en la cuna. A ambos nos parecía cruel dejar llorar a un bebé tan pequeño a medianoche, pero algo tendría que pasar. Al siguiente viernes Joey despertó tarde en la noche, pero no acudí. Fui a ver cómo estaba varias veces pero eso parecía enojarlo más, de modo que suspendí. Al cabo de quince minutos continuaba llorando desconsoladamente. Pensé que necesitaba más tiempo para calmarse, de manera que encendí el televisor con el volumen muy bajo y esperé. Me desgarraba el llanto pero al cabo de unos veinte minutos comenzó a tranquilizarse. Entonces vino lo peor: parecía que dormía, pero despertaba llorando cinco minutos después. Eso se prolongó durante casi una hora. Finalmente se quedó dormido. A la noche siguiente despertó una vez y lloró durante solo diez minutos. La tercera noche durmió hasta el día siguiente.

"Cuando le contamos a Polly lo difícil que había sido, ella nos tranquilizó. Para algunos niños es más difícil aprender a dormirse sin ayuda y es probable que Joey haya quedado atrapado en un ciclo de agitación provocada por su propio llanto. Había sido una de esas situaciones de la crianza en la cual no hay claridad sobre lo que está bien o lo que está mal. Algunos padres habrían decidido acudir y sacar al bebé de la cuna y habría estado bien, pero también estuvo bien nuestra decisión de dejarlo llorar. Yo sencillamente sentía que todos nos sentíamos desgraciados desde hacía demasiado tiempo y que valía la pena soportar una noche verdaderamente angustiosa para poder dormir mejor en el largo plazo.

"Ahora Joey duerme bien en general. Sin embargo, no querría que volviera a sufrir una noche como esa otra vez".

las siestas. A veces el bebé necesita aprender a superar el obstáculo de las siestas de 20 ó 30 minutos. Recuerdo claramente cuando mi hija todavía dormía cinco siestas cortas durante el día. ¡No veía la hora de que las cosas cambiaran! Comencé por brindarle oportunidades para que se arrullara a sí misma durante la noche. Cuando eso se consolidó, hice lo mismo al comienzo de las siestas. A los pocos días aprendió a dormirse sin ayuda y esperé un par de semanas a que se consolidara también esa destreza. Llegada a ese punto, estar despierta en la cuna ya no le molestaba, de manera que sentí que era el momento propicio para enseñarla a dormir siestas más largas. Esto fue lo que hice: dejé de acudir inmediatamente cada vez que despertaba

✳ ✳ ✳ ✳ ✳ ✳ ✳ ✳ ✳ ✳ ✳ ✳ ✳ ✳ ✳ ✳

de una siesta y esperaba unos quince minutos para darle la oportunidad de que se volviera a dormir. Si lo lograba, perfecto. Si me parecía que estaba totalmente despierta al cabo de los quince minutos, la sacaba de la cuna y suponía que el reloj de la vigilia había echado a andar nuevamente y esperaba otros 75 minutos para acostarla nuevamente. No tardó en pasar a dormir tres siestas al día: una por la mañana y otra por la tarde, cada una de dos o tres horas, y una siesta corta al caer la tarde.

De los ocho a los doce meses

Justo cuando ya los padres parecen comprender la crianza, ¡el bebé decide crecer un poco! Aunque la duración de las siestas y la cantidad de sueño se estabilizan bastante bien hacia el final del primer año (en promedio, los bebés de esta edad necesitan entre trece y catorce horas de sueño al día) todavía tendrá que manejar algunas sorpresas causadas por el desarrollo de su bebé. Entre los ocho y los doce meses, la mayoría de los bebés aprenden a arrastrarse, a gatear, a sentarse, a pararse y posiblemente a caminar y hasta hablar. Es parte de su naturaleza responder con entusiasmo a todas esas habilidades nuevas.

Entre los ocho y los doce meses, la mayoría de los bebés aprenden a arrastrarse, a gatear, a sentarse, a pararse y posiblemente a caminar y hasta hablar. Es parte de su naturaleza responder con entusiasmo a todas esas habilidades nuevas.

y posiblemente a caminar y hasta hablar. Es parte de su naturaleza responder con entusiasmo a todas esas habilidades nuevas. Es probable que vea un incremento de los despertares nocturnos mientras su bebé practica su último truco o se vale de los barrotes de la cuna para levantarse. Trate de no entrar en estado de pánico ante esos despertares. Cuando su bebé despierte durante la noche, responda de la manera más neutral posible, sin prestarle demasiada atención por demostrar sus nuevas proezas. Con el tiempo, las habilidades perderán su novedad y el bebé probablemente reanude los hábitos de sueño adquiridos.

DORMIR TODA LA NOCHE – NUEVAMENTE

La gente habla de "dormir toda la noche" como si fuera un logro alcanzado un buen día, cuando en realidad el bebé despertará en la noche muchas veces durante los próximos años: por razones del desarrollo; alguna enfermedad; dentición; a causa de las pesadillas; o en los viajes. Si esos despertares se perpetúan una vez desaparecida la causa, tendrá que enseñar a su hijo a arrullarse a sí mismo nuevamente.

Si su bebé aún no aprende a conciliar el sueño sin ayuda, siga las instrucciones que aparecen a partir de la página 130. Algunos bebés no están listos para arrullarse a sí mismos antes del final del primer año, y usted seguramente sabrá cuándo se acerca el momento óptimo. Solamente le conviene saber que las protestas de los bebés mayorcitos son más sonoras. Son más astutos y ya saben cómo obtener reacciones de sus padres y quizás se sientan con derecho de ser mecidos o arrullados hasta quedarse dormidos. Pero no entre en pánico. Nunca es demasiado tarde para enseñar al bebé buenos hábitos de sueños.

MAPAS DE LAS SIESTAS DE UNOS BEBÉS
DE DIEZ MESES

Como antes, recuerde que estos "mapas" son apenas ejemplos y no constituyen horarios obligatorios para su bebé. Trate de permitir que el horario de sueño de su bebé se manifieste espontáneamente.

LAS SIESTAS DE MIA	LAS SIESTAS DE JACK	LAS SIESTAS DE ISAAC
Apenas ahora a los diez meses Mia ha dejado de dormir al final de la tarde y tiene un período de vigilia de tres horas entre las siestas. Aunque algunos bebés dejan de dormir al final de la tarde más pronto, el esquema de Mia es perfectamente normal y el adecuado para ella. (Para las siestas de Mia a los siete meses, véase la página 132.)	El horario de Jack es parecido ahora al que tenía a los siete meses (véase la página 132), aunque sus siestas han cambiado un poco. Sus perceptivos padres han entendido que Jack en realidad prefiere acostarse más temprano ahora que hace algunos meses –un desarrollo inusual pero perfectamente normal– y cumplen gustosos sus deseos.	El horario de Isaac es el mismo ahora que cuando tenía siete meses (véase la página 132). Permanece despierto más tiempo en las mañanas y su período de vigilia entre siestas dura tres horas.

❋ ❋ ❋ ❋ ❋ ❋ ❋ ❋ ❋ ❋ ❋ ❋ ❋ ❋ ❋ ❋ ❋

LAS SIESTAS DE MIA	LAS SIESTAS DE JACK	LAS SIESTAS DE ISAAC
Despertar 7:00 a.m.	**Despertar** 6:00 a.m.	**Despertar** 6:30 a.m.
Siesta matutina 10:00 a.m. – 11:30 a.m.	**Primera siesta** 9:00 a.m. – 10:30 a.m.	**Primera siesta** 9:30 a.m. – 11:00 a.m.
Siesta de la tarde 2:30 p.m. – 3:30 p.m.	**Segunda siesta** 1:30 p.m. – 3:30 p.m.	**Segunda siesta** 2:00 a.m. – 3:30 p.m.
Hora de acostarse 8:00 p.m.	**Hora de acostarse** 6:30 p.m.	**Hora de acostarse** 8:00 p.m.

EL PLAN N.A.P.S. DE UNA OJEADA

De los ocho a los doce meses

- La mayoría de los bebés de esta edad necesitan entre trece y catorce horas de sueño todos los días. Las necesidades de su bebé podrían ser ligeramente mayores o menores.

- Continúe con el programa N.A.P.S. Si su bebé todavía no ha abandonado su siesta de final de la tarde ni pasa despierto más tiempo durante el día, probablemente no tardará en hacerlo.

- No presione a su bebé para que abandone su siesta matutina. Esta podrá acortarse, pero la mayoría de los lactantes necesitan dormir en la mañana hasta cumplir los doce o los dieciocho meses.

- Prepárese para algunos momentos duros durante la noche, en particular cuando su bebé comience a descubrir sus nuevas habilidades.

Un año y más

Después del primer año de vida, el ciclo de los 90 minutos tiende a relajar su control sobre el comportamiento de sueño, pero no piense que desaparecerá tan pronto su bebé sople (o se coma) la vela de su torta de cumpleaños. Tendrá que dejarse guiar por sus observaciones y su instinto a medida que el niño deja atrás el cumplimiento estricto de ese ciclo. Algunos se aferran a él durante unos pocos meses después del primer año. Algunos padres pueden detectar un patrón de vigilia de tres horas todavía hasta los dos o tres años. Sin embargo, la mayoría de los niños a esta edad comienzan a desarrollar horarios basados en el reloj y no en los ciclos de 90 minutos. Quizás usted siga notando un ritmo para dormir, pero tanto este como el niño se flexibilizarán con el tiempo. A medida que pasen los meses será menos necesario acostar al niño en la cuna o en la cama al primer indicio de fatiga, aunque de todas maneras es importante respetar su deseo de dormir. A veces pareciera que el niño ha abandonado el ciclo de los 90 minutos, pero vuelve a caer en él cuando está enfermo o bajo el efecto del estrés. Algunos padres de hijos que ya caminan notan que cuando se despiertan enfermos en la noche, 90 minutos después están listos para dormir nuevamente.

Sin importar cómo o cuándo comienza a desaparecer el ritmo de los 90 minutos, el sueño sigue siendo una necesidad biológica profunda para su hijo. En promedio, un niño de un año necesita dormir cerca de trece horas al día. Si se ha ceñido al plan N.A.P.S. durante el primer año (aunque haya comenzado hacia los diez o los once meses), le habrá ayudado a su bebé a desarrollar buenos hábitos de sueño, los cuales lo acompañarán mientras crece, durante sus años de colegio y después. Su hijo tendrá la capacidad de conciliar el sueño cuando lo necesite, y permanecer dormido tanto como sea necesario. Sabe cómo se siente cuando ha descansado bien; es probable que busque oportunidades para dormir, o que señale la cuna o diga "hasta mañana" cuando esté cansado. Sin embargo, el niño que comienza a caminar también aprende a comprender su poder. Es normal que ponga a prueba las reglas sobre las siestas y la hora de dormir de vez en cuando, y su responsabilidad es asegurarse de que duerma las siestas y se acueste temprano en la noche. Pero si su hijo entiende cómo interpretar su propia sensación de sueño y sabe qué hacer al respecto, es poco probable que esas batallas a la hora de dormir se transformen en las guerras infantiles tan frecuentes por estos días.

Preste atención a algunos cambios que podrán ocurrir en los horarios de las siestas a medida que crece el bebé. En algún momento entre el primer año y los dieciocho

✳ • ✳ • ✳ • ✳ • ✳ • ✳ • ✳ • ✳ • ✳ • ✳ • ✳ • ✳ • ✳ • ✳ • ✳

Los efectos nocivos de la falta de sueño son más trascendentales de lo que imagina. Saltarse una siesta puede perturbar los ritmos internos de su hijo durante un período de más de 24 horas.

meses dejará de dormir la siesta matutina. Perder esa siesta puede ser muy duro tanto para los niños como para los padres; durante unos cuantos días o unas cuantas semanas parecerá como que dos siestas son demasiado pero una no es suficiente. Conceda al cerebro de su hijo el tiempo necesario para registrar este ajuste y sepa que habrá algunos días de irritabilidad y noches difíciles hasta que su hijo termine la transición.

Contrariamente a la opinión popular, la siesta de la tarde debería mantenerse durante varios años. Probablemente tropezará con personas que le dirán que la necesidad de dormir durante el día es señal de inferioridad o falta de inteligencia, pero no hay nada más falso. Me gustaría haber acumulado un dólar por cada vez que un progenitor se ufanó de que su hijo de tres o cuatro años había "superado" la siesta o era "demasiado inteligente" para eso. Sí, algunos niños pequeños pueden permanecer despiertos durante la hora de la siesta, pero su comportamiento cambia dramáticamente cuando lo hacen. Pierden control sobre sus impulsos y su temperamento, se tornan torpes, se vuelven intratables, pierden su capacidad de atención, lloran con facilidad. ¿Le suena familiar? En otras palabras, las señales usuales de sueño siguen manifestándose. Tenga presente que el simple hecho de poder permanecer despierto durante la hora de la siesta no es un indicador fiel de que su niño ya no necesita dormir durante el día. ¡Déjese guiar por otras pistas!

Tenga también cuidado al decidir cuáles compromisos realmente justifican saltarse una siesta. Los efectos nocivos de la falta de sueño son más trascendentales de lo que imagina. Saltarse una siesta puede perturbar los ritmos internos de su hijo durante un período de más de 24 horas. Sepa que habrá consecuencias para (1) lo que queda del día en cuestión, (2) el sueño de la noche, y (3) la capacidad para dormir la siesta al día siguiente. Por favor no presione a su hijo para que renuncie a su siesta prematuramente.

En algunos casos, los niños de dos y medio a tres años de edad abandonan súbitamente las siestas de la tarde, pero también alargan el sueño nocturno en la misma medida de la siesta que abandonaron. Este paso del sueño diurno al nocturno es sano y normal, siempre y cuando el tiempo total de sueño durante las 24 horas siga siendo el mismo, y siempre y cuando usted logre mantener constante el horario del niño todos los días. Sencillamente no trate de obligar al niño a hacer el cambio, y asegúrese de conceder tiempo suficiente en la noche para acomodar ese nuevo período más prolongado de sueño. Los niños que hacen esta transición dan la impresión de "hacerlo solos", pero en mi opinión es consecuencia de que los padres no han sido constantes en brindarles su período para dormir la siesta. Recuerde que en la mayoría de los mamíferos y en muchas culturas, el apremio de dormir al principio de la tarde es

Mapas de las siestas de unos bebés
de dieciocho meses

Los siguientes son ejemplos de cómo se podrán organizar espontáneamente los horarios de sueño de su bebé hacia los dieciocho meses de edad. Son apenas ejemplos y no constituyen horarios obligatorios para su bebé.

Las siestas de Mia	Las siestas de Jack	Las siestas de Isaac
Mia tardó mucho tiempo en abandonar su siesta de final de la tarde (véase la página 150), pero es la primera de los bebés que nos han servido de ejemplo en dejar la siesta de la mañana. La siesta de la tarde se ha corrido varias horas. Obsérvese que sus períodos de vigilia ya no ocurren en incrementos de 90 minutos.	Jack todavía duerme dos siestas en el día, pero son más cortas y sus períodos de vigilia ya no ocurren en incrementos de 90 minutos. Por tanto, sus padres han adoptado un horario regido por el reloj, el cual le viene apenas bien a Jack. Ahora se acuesta un poco más tarde que cuando tenía diez meses de edad (véase la página 150).	Isaac mantiene el mismo horario desde hace varios meses (véanse las páginas 132 y 150) y progresa muy bien en su desarrollo.

Las siestas de Mia	Las siestas de Jack	Las siestas de Isaac
Despertar 7:30 a.m.	**Despertar** 6:00 a.m.	**Despertar** 6:30 a.m.
Siesta de la tarde 12:00 m – 3:00 p.m.	**Primera siesta** 9:00 a.m. – 10:00 a.m.	**Primera siesta** 9:30 a.m. – 11:00 a.m.
Hora de acostarse 7:30 p.m.	**Segunda siesta** 2:00 p.m. – 3:00 p.m.	**Segunda siesta** 2:00 a.m. – 3:30 p.m.
	Hora de acostarse 7:00 p.m.	**Hora de acostarse** 8:00 p.m.

muy fuerte y probablemente genético. Asegúrese de que el motivo para saltarse una siesta sea lo mejor para su hijo y no solamente para usted.

Personalice el plan

Soluciones a algunos problemas comunes del sueño

El cerebro del bebé es como un instrumento musical delicadamente afinado, diseñado para marcar patrones rítmicos de sueño y vigilia. Estos patrones son muy previsibles y es la razón por la cual se obtienen resultados rápidamente con el plan N.A.P.S.

Sin embargo, cada bebé tiene su propia forma de adaptarse a esos ciclos y a las condiciones del hogar. Para contribuir a que usted pueda afinar el plan N.A.P.S. conforme a las necesidades de su bebé, presento una lista de los problemas más comunes que he identificado en los bebés, junto con las explicaciones y las soluciones. En algunos casos, la solución es cumplir estrictamente el plan. A veces un problema se puede corregir recurriendo a otros elementos de los estudios del sueño. Con unas pocas lecciones rápidas sobre la forma como los bebés regulan su temperatura corporal o sobre cómo emergen sus ritmos circadianos de 24 horas, por ejemplo, usted estará en mejores condiciones para manejar los hábitos desconcertantes que puedan surgir alrededor del sueño.

Mi bebé llora si no lo alzo

La somnolencia se puede manifestar de formas inesperadas. Una de ellas, descrita en las páginas 72 y 73, es el "llanto misterioso", el cual no se puede atribuir a una causa obvia como el hambre o la enfermedad. En los recién nacidos, esta "irritabilidad" tiende a manifestarse en forma de llanto inconsolable. En los bebés de tres meses y más, es probable que el bebé ni siquiera llore, sino que se muestre inquieto e irritable hasta que lo alzan. Una vez en los brazos de su padre o de su madre, se calma, hasta que lo ponen en la cuna, donde reanuda su comportamiento inquieto.

Esta irritabilidad y este deseo de permanecer alzado son dos señales comunes de falta de sueño, aunque es difícil para los padres interpretarlas. Después de todo, los padres piensan, ¿Cuánto sueño puede tener el bebé si se calla cuando lo alzamos? Muchos padres me dicen, "Mi bebé no está cansado, es solo que necesita que lo alcen a toda hora". Un bebé así en realidad sufre de falta de sueño. Él "sabe", en algún nivel, que necesita dormir y, de cierta

Muchos padres me dicen, "mi bebé no está cansado, es solo que necesita estar alzado a toda hora". Un bebé así en realidad sufre de falta de sueño. manera, también "sabe" que necesita a sus padres para poder conciliar el sueño. Por esa razón se muestra inquieto hasta que uno de sus padres lo alza y permanece en silencio mientras está en sus brazos. Piensa, "Qué bien, mi papá me alzó. Va a ayudarme a dormir ahora".

Uno de los peligros en esos casos es que los padres atribuyan erróneamente ese comportamiento a una necesidad de tener a alguien cerca y los lleve a imponer a su bebé una etiqueta negativa desde muy temprana edad. Pero cuando un bebé supuestamente necesitado y apegado logra dormir más, los padres se sorprenden al ver el cambio radical de personalidad. El bebé se muestra más alegre y comienza a disfrutar de unos períodos razonables de juego independiente. Hasta los bebés nacidos con personalidades genuinamente difíciles –los que nacen gritando y parecen nunca parar desde ese momento– tendrán un comportamiento mucho más calmado si sus padres les brindan la oportunidad de dormir más.

Mi bebé despierta llorando

Los niños que sufren de falta de sueño pueden despertar llorando en la mañana o al final de las siestas del día. Si su bebé casi siempre despierta llorando, verifique el número total de horas de sueño diurno y nocturno, y consulte la tabla de sueño de la página 24 para saber si está durmiendo el tiempo suficiente. El llanto puede ser su forma de decir, "Me gustaría seguir durmiendo, pero no puedo hacerlo solo". Si se da cuenta que es necesario fomentar más horas de sueño, hágalo. Utilice el plan N.A.P.S. para ayudarlo a dormir durante el día y contemple la posibilidad de acostarlo más temprano en la noche a fin de alargar el tiempo total de sueño nocturno. Algunas familias con las que he trabajado han destinado unos cuantos días libres para tratar de lograr este objetivo de prolongar las horas de sueño.

Sin embargo, despertar lentamente (en lugar de despertar llorando) no *siempre* indica que el bebé esté durmiendo lo suficiente. Hay variaciones (lo mismo que entre los adultos) en el tiempo que el bebé necesita para despertar totalmente. Mi hijo de siete años despierta la mayoría de las veces exactamente a las 6:40 a.m. alegre y tranquilo. Mi hija, quien ya tiene nueve años, es muy distinta. Aunque por lo general es de disposición alegre prácticamente a cualquier hora del día, por lo general despierta de mal humor. Realmente no es "ella misma" hasta tanto se despejan las telarañas.

Los estudiosos del sueño tienen un término para este tipo de despertar lento y malhumorado. Lo llaman la inercia del sueño. Es un estado sombrío y confuso que por lo general se despeja a los pocos minutos, aunque hay personas que necesitan hasta media hora para sentirse totalmente despiertas. Es tan común este fenómeno que los investigadores a veces tienen que tomar en consideración los efectos de la inercia del sueño cuando hacen estudios de desempeño cognitivo en seres humanos.

Mi bebé despierta muy temprano en la mañana

Seguramente habrá notado que algunos de sus amigos y parientes son alondras madrugadoras, mientras que otros parecen lechuzas. No importa lo que digan los cuentos de las comadres, estas preferencias son genéticas y nada tienen que ver con rasgos de personalidad como el amor por el trabajo, la sociabilidad o la pereza. Cualquier intento por modificar o revertir esas preferencias falla invariablemente.

Los bebés y los niños tienen una tendencia fuerte a despertar al alba, por lo menos hasta la edad de la adolescencia, cuando manifiestan una tendencia a trasnochar. Desde el punto de vista biológico, madrugar (despertar al alba o antes) es sano para los niños pequeños. Reconozco que eso puede ser difícil para los padres, y sé lo que digo por experiencia propia. Pero el cerebro de un niño está diseñado para inducir un despertar temprano, quizás para ayudar al niño a adaptarse al ciclo de 24 horas de luz y oscuridad que rige en nuestro planeta. Es la razón por la cual tantos bebés despiertan con los primeros rayos del sol llenos de energía, y sienten sueño a la hora del ocaso.

Hay todo un rango de horas normales para despertar, desde las 5:00 a.m. hasta las 9:00 a.m. ¿Cómo saber si la hora a la cual despierta su bebé es sana? El humor del bebé durante el resto del día es un buen indicador. El bebé que se muestra alegre, que puede concentrarse y prestar atención, probablemente se siente bien descansado y se despierta en forma natural. Es poco lo que usted puede hacer para modificar un despertar biológicamente determinado. Conozco familias que, en su desesperación por prolongar la hora del despertar matutino, tapan por completo las ventanas de la habitación del bebé. No recomiendo esa medida. Es mucho mejor acoplarse al ritmo natural de sueño y vigilia del bebé que tratar de luchar contra él o de engañarlo con señales erróneas. Tenga paciencia, mantenga la cafetera a mano y recuerde que su bebé no se quedará en esa etapa eternamente. La mayoría de los niños comienzan a dormir hasta más tarde cuando entran a la escuela (¡precisamente cuando lo que se necesita es que madruguen para no perder el autobús!). Por otro lado, es probable que el niño que se muestra irritado la mayor parte del día madrugue excesivamente porque no logra dormir lo suficiente durante el día. Si sospecha que su bebé no está bien descansado, *no* trate de demorar el despertar matutino acostándolo más tarde. Esto rara vez funciona y por lo general hace que el bebé madrugue todavía más. Las siguientes son algunas de las estrategias más eficaces para prolongar el sueño matutino.

Acueste al bebé más temprano en la noche. Aunque parezca una locura, acostar al bebé temprano hace que se prolongue el sueño nocturno. Para adelantar la hora de acostarlo, comience con el proceso quince minutos antes de lo habitual. Si está siguiendo el plan N.A.P.S., quizás deba despertar a su bebé de la siesta de la tarde o del comienzo de la noche quince minutos antes para poder acostarlo más temprano. Aunque esto va en contra de mi recomendación de dejar que el bebé despierte espontáneamente, es una medida transitoria. Adelante un poco más la hora de acostarlo todas las noches hasta que vea los indicios de que el bebé está totalmente descansado cuando despierta. Cuando llegue a ese punto, descubrirá que el tiempo total de sueño se ha prolongado en 90 minutos, es decir, el tiempo que se necesita para completar un ciclo de sueño.

Asegúrese de que el bebé duerma lo suficiente durante el día. Este método también suena ilógico, pero funciona como por arte de magia. Los bebés que no duermen todas sus siestas se despiertan muy temprano, a veces antes del alba. Siga el plan N.A.P.S. y observe las señales de somnolencia de su bebé para asegurarse de que está durmiendo lo suficiente durante el día.

Tenga cuidado de no condicionar el despertar de la mañana con el alimento. Alimentar todos los días al bebé a las 5:00 a.m. puede condicionar las señales de hambre del cuerpo y contribuir a un despertar artificial –y hasta quizás cimentarlo– aunque el bebé no haya satisfecho completamente su necesidad de dormir. Use su criterio para determinar si es realmente necesario alimentarlo a esa hora y no solamente un intento por poder dormir usted un poco más. Por favor no me malinterprete. No pretendo decir que sea malo o un error alimentar al bebé en las primeras horas de la mañana. Sencillamente piense que su solución de corto plazo puede generar un problema de más largo plazo si su bebé se acostumbra a desayunar a las cinco de la mañana.

Asegúrese de que el bebé no tenga frío. Un estudio demostró que un adulto no puede conciliar fácilmente el sueño si tiene los pies fríos, y también hay otras señales de que la temperatura del cuerpo afecta el sueño. Durante el sueño REM a todos nos es difícil regular la temperatura corporal. En el caso de los bebés, a causa de la relación entre el volumen y la superficie del cuerpo, el calor se pierde más rápido. Esta pérdida de calor puede hacer que el bebé despierte temprano, en particular al final de un ciclo REM. Cerciórese de que la habitación del bebé esté fresca pero no fría, y de que no haya corrientes de aire; en las épocas de frío, una pijama con "zapatos" puede ayudar para que el bebé no despierte antes de tiempo debido al frío.

Ensaye a oscurecer la habitación con cortinas gruesas, pero solo en circunstancias especiales. Es normal y sano despertar con la salida del sol, de manera que por lo general prefiero no engañar el reloj circadiano del bebé con cortinas para impedir el paso de la luz. Aunque usted llegue a su casa tarde en la noche, trate de que su hijo se acueste temprano.

Utilice cortinas gruesas solamente en circunstancias especiales, por ejemplo, si el bebé comparte la habitación con la abuela, quien debe dormir hasta tarde por razones médicas. Si vive en una latitud boreal donde las noches son cortas y el sol sale antes de las 5:00 a.m., es probable que su bebé no duerma bien a menos que se oscurezca la habitación artificialmente (o a menos que se acueste a las 6:00 p.m.). Si a pesar de seguir el plan N.A.P.S. y acostar a su bebé temprano tiene la sensación de que el bebé sufre de falta de sueño, oscurecer la habitación puede ser la única solución. Sin embargo, no todos los bebés responden a esta medida.

El método de "llorar hasta aprender" no le sirve a mi bebé

Creo que es importante que su bebé aprenda a arrullarse a sí mismo y a conciliar el sueño sin su presencia. Para enseñar esta destreza por lo general es necesario esperar hasta una edad apropiada, establecer una rutina para la hora de acostarse, y luego poner al bebé adormecido pero aún despierto en su cuna para que se duerma solo. Puesto que su bebé protestará en un principio, este método se denomina "llorar hasta aprender" (también se lo conoce como "ferberizar", por el doctor Richard Ferber, el más famoso defensor del llanto controlado). En las páginas 136-139 aparece un enfoque detallado para aplicar este método.

Algunos expertos hablan de los métodos para enseñar al bebé a arrullarse a sí mismo como si fueran eficaces en todos los casos. Sin embargo, en algunas circunstancias están condenados a fallar. En las páginas 135 y 136 ya se describieron algunos de esos obstáculos, pero para algunos padres es tan difícil y emocionalmente duro este proceso, que vale la pena examinar nuevamente cómo manejar algunos de los problemas que pueden presentarse en el transcurso del mismo.

Nunca es buena idea tratar de enseñar al bebé a arrullarse a sí mismo cuando está enfermo o cuando la familia está viviendo algún cambio grande. La inconstancia de los padres también puede ser un factor de peso. El proceso de entrenar al bebé para dormir exige desarrollar un plan y cumplirlo, aunque los padres se sientan mal por las protestas del bebé ante el cambio de rutina. No intente abrazarlo de contrabando ni mecerlo "solo por esta vez". La inconstancia de los padres solo sirve para enseñarle al niño que vale la pena llorar mucho tiempo porque es la manera de hacer que sus padres acudan en su ayuda. Además, si la habitación del bebé está muy fría, o muy caliente, o muy iluminada o muy ruidosa, es obvio que el bebé no pueda conciliar el sueño. Pero hasta los padres que estudian los populares manuales del sueño y siguen las instrucciones al pie de la letra encontrarán tropiezos. *Eso se debe a que muchos de los métodos más populares para enseñar al bebé a conciliar el sueño sin ayuda no toman en consideración los ritmos de sueño del bebé.* Hacer caso omiso de los ritmos del sueño es una forma garantizada de inclinar la balanza del éxito en su contra.

El proceso de entrenar al bebé para dormir exige desarrollar un plan y cumplirlo, aunque los padres se sientan mal por las protestas del bebé ante el cambio de rutina.

Un mito común es que los bebés deben haber adquirido la destreza de dormirse sin ayuda a los tres meses de edad o antes. A esa edad es todavía muy prematuro pretender que un bebé pueda conciliar el sueño sin ayuda. A los tres meses es difícil para el bebé concentrarse en las señales físicas que le avisan que es hora de dormir. Sin embargo, hacia los seis meses, el sistema nervioso del bebé está más maduro y le permite desconectarse del mundo y calmarse para conciliar el sueño.

Aunque su bebé haya llegado a la edad indicada, la técnica para que aprenda a arrullarse a sí mismo no funcionará si lo pone en la cuna a la hora equivocada. Recuerde que el reloj de los 90 minutos determina el período de vigilia y el momento en que el bebé estará listo para dormir. Si acuesta a su bebé en el pico de la vigilia, no estará listo para dormir y probablemente llorará de frustración por verse solo cuando está totalmente despierto. Pero si obedece los ciclos, sabrá en qué momento estará más soñoliento el bebé, y la probabilidad de éxito será óptima.

Otro hecho poco reconocido es que el bebé no podrá conciliar el sueño por su cuenta si está muy cansado. Trabajo con muchos padres que dicen cosas como, "Ensayé el llanto controlado y mi bebé lloraba desconsoladamente durante cuatro horas todas las noches hasta que nos dimos por vencidos". Estos padres sienten que han fracasado, a pesar de haber seguido cuidadosamente las instrucciones, y haber sido constantes y fieles al proceso. Al preguntarles por los hábitos de sueño del bebé, no tardo en descubrir que el bebé no está durmiendo lo suficiente, en particular durante el día. Estos niños que sufren de falta de sueño por lo general son irritables y por consiguiente necesitan más atención y caricias que otros lactantes. Acostarlos en la cuna y pretender que se duerman es buscar problemas. Aunque parece lógico que un bebé falto de sueño caiga profundamente dormido, sucede todo lo contrario. La falta de sueño produce un estado crónico de agitación cerebral y dificulta mucho más el sueño. En mi opinión, es mala idea exponer a un bebé cansado a la situación de llorar hasta aprender. El proceso probablemente tendrá el efecto opuesto y el bebé se tornará cada vez más inquieto mientras más tiempo permanezca a solas.

Si su objetivo es enseñarle al bebé a arrullarse a sí mismo pero este sufre de cansancio excesivo, primero dedique unos cuantos días a garantizarle tiempo suficiente de sueño, especialmente durante el día. Ese debe ser su objetivo principal y debe consolidarse primero antes de proseguir al paso siguiente. Lo puede lograr si sigue el plan N.A.P.S. y durante esos pocos días hace lo que sea necesario para ayudar a su hijo a dormir durante el día, bien sea alzarlo mientras duerme, llevarlo en cabestrillo, ponerlo en un columpio mecánico o sacarlo a dar vueltas en el automóvil. Entonces, cuando esté más descansado, podrá enseñarle a dormir independientemente.

Por último, tal parece que hay un subgrupo de niños normales y sanos cuyo temperamento no se presta al método que implica dejarlos llorar para que aprendan a conciliar el sueño sin ayuda. Los bebés muy sociables o persistentes pueden protestar contra la ausencia de sus padres durante períodos infinitamente largos de tiempo. En lugar de calmarse después de un poco de llanto al comien-

Y anímese: todos los bebés aprenden tarde o temprano a conciliar el sueño sin ayuda. zo, estos niños suben la intensidad del llanto a medida que su desesperación se alimenta a sí misma. Si esto sucede, usted puede decidir que el bebé está demasiado perturbado para poder consolarse. Juzgue la situación y asegúrese de no estar proyectando sencillamente sus emociones sobre el niño. Al llegar a este punto, podría optar por otra técnica, como la de la soledad gradual. O podría suspender el proceso por lo pronto y esperar a que el bebé crezca un poco más y acepte mejor el cambio y la independencia. Y anímese: todos los bebés aprenden tarde o temprano a conciliar el sueño sin ayuda.

Mi bebé no puede permanecer despierto hasta tarde

Si ha observado que su bebé se muestra soñoliento al final de la tarde, mejor para usted. Habrá detectado un patrón de sueño común (y sano) entre los lactantes, lo cual demuestra que está en sintonía con las señales de sueño de su bebé. Ahora deberá ajustar sus expectativas sobre la hora apropiada para acostarse en la noche. Aunque los recién nacidos no se acuestan antes de las 10:00 o las 11:00 p.m., los bebés de más de tres meses necesitan acostarse más temprano, por lo general entre las 6:00 y las 8:00 p.m. Algunos padres se sorprenden al ver que su bebé puede dormirse tan temprano y se preguntan estupefactos si algo anda mal. Nada anda mal. Me parece fabuloso que los padres permitan a su bebé acostarse a las 6:00 p.m. y optimicen así el descanso nocturno.

Es probable que conozca a otros bebés que permanecen despiertos hasta muy tarde, pero es raro encontrar niños pequeños genuinamente trasnochadores. En la mayoría de los casos, los bebés que continúan despiertos después de las 8:00 p.m. han sido condicionados por sus padres o han recuperado inadvertidamente la energía por haberse saltado la fase del sueño dentro del ciclo de los 90 minutos. Esto sucede a veces cuando los padres trabajan por fuera del hogar y desean pasar tiempo de calidad con sus hijos antes de acostarse. Comprendo este deseo, pues también yo trabajo, pero no aconsejo manipular los ritmos naturales de sueño del bebé. Eso puede traducirse en pérdida de sueño y tener consecuencias nocivas a largo plazo. Prefiera permitir que su hijo duerma de acuerdo con los ritmos circadianos que comienza a desarrollar. En la mayoría de los casos, eso implica acostarse al caer el sol (o más temprano en particular en el verano cuando hay luz de día hasta muy tarde) y levantarse con la primera luz de la mañana. Esas madrugadas pueden ser duras para unos padres acostumbrados a trasnochar, pero véalo de esta forma: son la oportunidad para pasar el tiempo con el bebé cuando está descansado y con deseos de jugar, en lugar de malhumorado o hiperactivo por haberse acostado muy tarde.

Mi bebé se llena de energía antes de acostarse

Si su bebé se llena de energía en las primeras horas de la noche, no lo atribuya a una resistencia contra el sueño o a la mala suerte, la verdadera razón puede ser un error de momento. Si pierde la oportunidad de acostar al bebé al final del ciclo de vigilia, habrá un resurgimiento del pico de energía y tendrá entre manos un bebé listo para disfrutar de un nuevo período de actividad. Trate de adelantar la rutina de la hora de acostarse para que esté todo listo para ayudar al bebé a dormir o para ponerlo en la cuna al final del ciclo de actividad. Descubrirá que el bebé se duerme sin tantas protestas. Otro beneficio será que despertará más tarde en la mañana también.

Mi bebé duerme siestas cortas

Las siestas cortas de menos de una hora pueden ser frustrantes para los padres, pero son normales en ciertas circunstancias. Por ejemplo, los bebés de más de tres meses pueden dormir apenas treinta minutos al final del día. Las siestas cortas también son la norma de algunos recién nacidos, aunque la mayoría dormirán al menos una siesta larga en algún momento del día. Si su bebé duerme siestas cortas no hay otra razón para preocupase por su sueño, no se angustie, pero tenga presente algunas cosas.

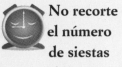 **No recorte el número de siestas en un intento por alargarlas. Al seguir los ritmos naturales del bebé, este aprenderá a alargar por su cuenta sus períodos de sueño.**

En primer lugar, muchos bebés de corta edad pasan un alto porcentaje de su sueño en la etapa REM, la cual es muy activa y puede parecerse a un estado de vigilia. También pasan mucho tiempo en un estado que no es realmente de sueño pero tampoco de vigilia. Si oye que su bebé hace ruidos o que quizás "le habla", trate de esperar unos minutos antes de acudir. A pesar de todas las señales de lo contrario, es probable que esté dormido. Si no, quizás pueda volver a dormir sin ayuda.

En segundo lugar, utilice el plan N.A.P.S. para asegurarse de que su bebé obtenga el sueño diurno necesario a pesar de las siestas cortas (véase la tabla de sueño de la página 24). Esto se traducirá en varias siestas al día, lo cual está bien a esta corta edad. No recorte el número de siestas en un intento por alargarlas. Al seguir los ritmos naturales del bebé, este aprenderá a alargar por su cuenta sus períodos de sueño.

Por último, siempre tendrá la alternativa de mecer o arrullar a su recién nacido para que se duerma tras despertar de una siesta corta. Es más probable que este recurso funcione cuando el bebé despierta llorando (una posible señal de falta de sueño) que cuando despierta alegre y listo para jugar.

Si su bebé tiene seis meses o más y todavía duerme siestas muy cortas, puede utilizar las técnicas aquí mencionadas para ayudarlo a arrullarse a sí mismo a fin de prolongar las siestas. Para más información sobre estas técnicas y las siestas cortas, véanse las páginas 145-148.

En ocasiones encuentro padres cuyos bebés duermen siestas cortas *y* que además comen muy poco y con frecuencia en lugar de comer abundantemente. Contra-

La historia de Amy: *las siestas de mi bebé eran de 45 minutos*

"Cuando mi hija Hayley estaba recién nacida, utilicé el plan N.A.P.S. para ayudarla a dormir. Fue una buena decisión porque Hayley no mostraba señales claras cuando tenía sueño. Cuando inicié el programa, cada vez que se quedaba dormida me preguntaba, '¿Cómo sonaba justo antes de quedarse dormida?' Eso me ayudó a identificar la diferencia entre el llanto de aburrimiento y el llanto de sueño.

"Pero había otro problema: las siestas de Hayley eran de 45 minutos. Incluso cuando dormía seis siestas en el día, no lograba acumular la cantidad de sueño necesario según las tablas. Polly me recordó que las necesidades de sueño de los bebés pueden variar. Eso me hizo sentir mejor y me tranquilizó un poco.

"Ahora bien, creo que Hayley deseaba dormir más tiempo en los primeros meses; sencillamente no sabía cómo hacerlo. Yo solía acudir a verla cuando se despertaba al cabo de los 45 minutos porque suponía que la siesta había terminado. Entonces decidí ensayar a arrullarla para que se durmiera nuevamente después de los 45 minutos. La mecía, la acariciaba, la amamantaba, hacía lo que fuera necesario. Descubrí que reanudaba su siesta durante otros 45 minutos o más. Ahora Hayley sí acumula el tiempo recomendado de sueño para bebés de su edad".

riamente a lo que parece, estos bebés que comen todo el tiempo no ingieren más en un período de 24 horas que los bebés que se alimentan con menos frecuencia pero durante períodos más largos. En efecto, pueden comer con menos vigor que otros bebés porque no pasa el tiempo suficiente para que se les despierte el apetito. Si su bebé encaja en esta descripción, prolongue el tiempo de alimentación. Si el bebé ha dejado atrás la etapa neonatal, si su desarrollo es normal y si ha ganado peso normalmente, solicite consejo a su pediatra sobre la posibilidad de espaciar los intervalos entre las comidas, claro que sin dejar por ningún momento que el bebé sufra de hambre. Pregúntese si su bebé llora porque necesita alimento o porque necesita ayuda para conciliar el sueño.

Mi bebé nunca duerme una siesta

Un bebé que no duerme siestas puede ser todavía más agotador para sus padres que un bebé que duerme mal en la noche. Por fortuna, la naturaleza ha diseñado a los bebés para que duerman durante el día. Con un poco de ayuda de su parte, su bebé tendrá el sueño diurno que necesita.

Recuerde que el reloj de los 90 minutos promueve la actividad y que, al final del ciclo, termina la presión de la vigilia. Esta es una de las razones por las cuales es tan fácil privar inadvertidamente al bebé de su siesta. Cuando el bebé no da muestras de necesitar una siesta, lo más probable es que no se le haya permitido seguir sus ritmos naturales para dormir. Si los padres no facilitan el sueño al final del ciclo de actividad, podrán dejar pasar la ventana de oportunidad para el sueño. Los padres podrán intentar poner al bebé en su cuna más adelante, en un momento que contradice los ritmos internos, con lo cual se ven abocados a fracasar en su intento. El bebé se ha saltado su siesta y ha pasado directamente a su siguiente ciclo de vigilia para llenarse de energía nuevamente. Cuando esto sucede continuamente, parecería como si el bebé no necesitara dormir, pero créame que no es así. Algunos padres interpretan esta incapacidad para dormir a horas como una mala conducta. Otros piensan que el hecho de no dormir la siesta es señal de inteligencia o de una perseverancia admirable que lleva al bebé a luchar contra las siestas que detesta con todas sus fuerzas. Sin embargo, lo que estos bebés necesitan en realidad es la oportunidad de dormir *cuando tienen sueño.* Esta oportunidad se presenta al final del ciclo de actividad, cuando es más fácil para el sistema nervioso cambiar a los patrones de las ondas cerebrales asociadas con el sueño.

De vez en cuando encuentro padres que manifiestan *disfrutar* las siestas cortas e irregulares del bebé porque les brinda la flexibilidad de pasar períodos más largos fuera de casa durante el día. Es comprensible que los padres deseen tener más control sobre su día. Realmente es difícil programar la vida alrededor de las exigencias de un bebé. Pero las consecuencias de esa práctica pueden ser serias. Piense en lo que puede pasar dentro de un año cuando el bebé comience a caminar y ya no se contente con estar en el caminador, durmiendo a ratos mientras usted se ocupa de sus cosas. Tendrá entre manos un niño irritable y gruñón

Es comprensible que los padres deseen tener más control sobre su día. Realmente es difícil programar la vida alrededor de las exigencias de un bebé. Pero las consecuencias de esa práctica pueden ser serias.

que rehusará quedarse quieto en el coche y convertirá todas las salidas en un desastre debido a su falta crónica de sueño. Es entonces cuando deseará haber dedicado más energía a establecer un plan apropiado de sueño durante el día.

Lo que es peor, cuando no se le brinda al bebé la oportunidad de hacer de la siesta durante un período prolongado, los ritmos de sueño y vigilia podrían emparejarse. En ese estado, tanto el reposo como la actividad pueden igualarse, creando un estado intermedio continuo en el cual el niño no está dormido pero tampoco está totalmente concentrado y alerta. Hasta las señales de somnolencia pierden intensidad, de manera que los padres pueden concluir que el niño sencillamente "no necesita" dormir. Por esa razón es mucho más fácil dedicar tiempo a establecer un buen patrón de sueño ahora.

Para organizar nuevamente el esquema de las siestas del bebé, comprométase a permanecer en casa durante unos cuantos días mientras establece el plan N.A.P.S. Aprenda a reconocer las señales de sueño propias de su bebé (quizás tenga una señal difícil de identificar como una pérdida leve de la atención o una mirada perdida) y planee dedicar tiempo adicional para ayudarlo a bloquear los estímulos del mundo y conciliar el sueño.

Una vez establecidas las siestas, quizás deba permanecer en casa mientras el bebé duerme durante el día. Tendrá que reorganizar sus horarios con algo de creatividad, pero al final se alegrará de haberlo hecho.

Mi bebé necesita oscuridad y silencio total para poder dormir

Los bebés recién nacidos son famosos por su capacidad de dormir en ambientes ruidosos y de mucha luz, y hasta los bebés mayorcitos pueden profundizarse en medio de un concierto fuerte o de una tormenta eléctrica. ¿Pero qué pasa con los bebés que despiertan con el chirrido del piso o cada vez que alguien enciende una luz del pasillo?

A veces el culpable es el temperamento sensible. Algunos niños sencillamente no pueden tolerar el ruido y la luz cuando duermen. Sin embargo, esos casos son raros. La mayoría de los casos de sueño liviano se deben a la falta de sueño. La fatiga puede reducir el umbral de la vigilia y hacer que el bebé despierte con mucha facilidad.

Antes de suponer que su bebé tiene un temperamento sensible, trate de corregir la situación con un buen manejo del sueño. Inicie el plan N.A.P.S. y cúmplalo. Es probable que la necesidad de dormir a oscuras y en silencio se reduzca a medida que el bebé desarrolle mejores hábitos de sueño. Si no es así, es probable que su hijo sea verdaderamente sensible y necesite una habitación muy oscura y silenciosa. Trate de satisfacer esa necesidad en la medida de lo posible.

Mi bebé tiene invertidos el día y la noche

Durante las primeras ocho semanas de vida aproximadamente, es normal que los bebés duerman mucho durante

Durante las primeras ocho semanas de vida aproximadamente, es normal que los bebés duerman mucho durante el día y solo unas "siestas" cortas durante la noche.

el día y solo unas "siestas" cortas durante la noche. (En la página 94 aparece la información sobre la confusión normal de los recién nacidos entre el día y la noche.) Pero algunos bebés se aferran a esta confusión hasta bien entrado el tercer mes. Pueden dormir durante un bloque de seis u ocho horas durante el día y despertar a jugar varias veces durante la noche. Cuando eso suceda, aplique gradualmente el ritmo de los 90 minutos para llevar suavemente a su bebé hacia un patrón más apropiado.

Sugiero que comience por decidir a qué hora desea *usted* que el bebé se acueste en la noche. Fue lo que yo hice con mis dos hijos. Por ejemplo, deseaba que mis bebés se acostaran a la misma hora que yo para que nuestros períodos largos de sueño coincidieran. Parta de esa hora y despierte al bebé de su siesta 90 minutos antes. Supongamos que desea acostarse a las 9:00 p.m. Cuando su bebé comience a dormir una siesta larga durante el día, anote la hora. Entonces despierte suavemente al bebé al cabo de las tres horas, es decir, lo que duran dos ciclos de 90 minutos. (Por lo general no recomiendo despertar a un bebé cuando duerme su siesta, pero esta es una circunstancia especial.)

Permita que el bebé permanezca despierto durante un ciclo completo de 90 minutos y entonces póngalo en su cuna pero no lo deje dormir más de tres horas y nuevamente manténgalo despierto durante otros 90 minutos. Al final de la segunda siesta larga seguramente ya habrá caído la tarde. Entonces acueste al bebé pero despiértelo a las 7:30 p.m. sin importar lo corta que haya sido la siesta. De esa forma estará cansado nuevamente a las 9:00 p.m. y tanto él como usted podrán acostarse a dormir.

Si su bebé no logra dormir durante un largo tiempo la primera noche, no entre en pánico. Podrá tardar algunas noches en adaptarse. La buena noticia es que su bebé es capaz de dormir varias horas consecutivas. Muy pronto esos lapsos largos de sueño ocurrirán durante la noche.

Mi bebé duerme bien pero no mientras yo duermo

Su bebé de dos o tres meses se duerme a las 7:00 p.m. y despierta hacia la 1:00 ó 2:00 de la mañana. ¿De qué podría quejarse?

De muchas cosas si usted se acuesta a las 9:00 o a las 10:00 p.m. puesto que dormirá bien tan solo unas horas antes de oír el llamado del deber. Repito que normalmente no sugiero que los padres manipulen el horario de sueño del bebé, en particular cuando su intención es solamente demorar la hora de levantarse en la mañana. Pero cuando el bebé es pequeño todavía y no puede dormir toda la noche, hay algo de espacio para maniobrar. Para promover

Para promover que el período más largo de sueño coincida con el suyo, apóyese en el ciclo de los 90 minutos.

que el período más largo de sueño coincida con el suyo, apóyese en el ciclo de los 90 minutos. Despierte al bebé 90 minutos antes de su hora de acostarse. Noventa minutos después estará listo para conciliar el sueño nuevamente. Con suerte, y quizás con unas cuantas noches de práctica con la nueva rutina, el bebé dormirá las mismas seis o siete horas.

Cuando el período de sueño del bebé se alarga a ocho o más horas consecutivas, sabrá que ha llegado el momento de dejar de interrumpir la siesta de las primeras horas de la noche. Permítale iniciar su rutina de acostarse de acuerdo con su reloj interno, y déjelo dormir todo el tiempo que desee.

Mi bebé duerme solamente en el asiento del automóvil/el caminador/el columpio/ el canguro

Durante las semanas y los meses iniciales de vida probablemente no podrá evitar que su bebé se duerma en la silla del automóvil o en el coche caminador de vez en cuando. Personalmente estoy muy a favor de utilizar un cabestrillo o un canguro con los recién nacidos, siempre y cuando cumpla con las especificaciones de peso. El cabestrillo y el canguro le brindan al bebé una sensación de seguridad y pueden promover un sueño natural y rítmico. También le brindan a usted un poco de libertad de movimiento. Sin embargo, trate de no *depender* del asiento del automóvil, el caminador, el cabestrillo o el canguro para el sueño del bebé. Es un hábito fácil de adquirir pero difícil de mantener en el largo plazo. A medida que el bebé crece, el peso para sus hombros y su espalda será mayor y le será difícil cargar al bebé durante todas las siestas. No olvide tampoco que los asientos para el automóvil no tardan en quedarse pequeños y los más pesados no se pueden entrar a la casa para prolongar la siesta. Y la mayoría de los bebés –aunque no todos– duermen menos profundamente y durante menos tiempo en las sillas del automóvil y los columpios.

Si es muy tarde y su bebé se ha acostumbrado a un dispositivo externo para dormir, examine los factores que hacen que ese dispositivo sea tan atractivo. Los padres suelen preguntarse si es el hecho de estar sentados lo que les agrada a los bebés, pero yo sospecho que a los bebés les encanta el calor acogedor de los canguros, los cabestrillos, y hasta de los columpios y los asientos del automóvil. Trate de utilizar sábanas ajustables y mantas tibias para reproducir esa misma sensación en la cuna o en el moisés. Si su

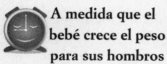

A medida que el bebé crece el peso para sus hombros y su espalda será mayor y le será difícil cargar al bebé durante todas las siestas. No olvide tampoco que los asientos para el automóvil no tardan en quedarse pequeños y los más pesados no se pueden entrar a la casa para prolongar la siesta.

bebé está recién nacido, trate de envolverlo muy bien en las mantas.

Si esas estrategias no funcionan, quizás deba esperar hasta que el bebé tenga edad suficiente para aprender a arrullarse a sí mismo (véanse las páginas 130-136 para mayor información). Hasta entonces, podría seguir el ejemplo de una pareja a la que conozco: ponían al bebé en la silla del automóvil y metían la silla del automóvil en la cuna. Eso hicieron durante varios días hasta que el bebé desarrolló una asociación positiva entre el sueño y la cuna.

Mi bebé no puede permanecer despierto durante 90 minutos

Aunque muchos bebés nacen con el ciclo de los 90 minutos ya establecido, algunos, especialmente los prematuros, se rigen por ciclos más cortos. La enfermedad u otros desórdenes también pueden afectar el reloj. Trate de identificar las señales de sueño de su bebé para determinar las horas de las siestas; no trate nunca de obligar al bebé a permanecer despierto durante 90 minutos. Si el instinto le dice que su bebé duerme demasiado o parece muy aletargado, no dude en consultar a su médico.

Los bebés de cualquier edad que tienen ataques frecuentes de sueño acompañados de pérdida del tono muscular podrían sufrir de narcolepsia, un trastorno del sueño que, aunque raro, es grave. Otro síntoma de la narcolepsia es quedarse dormido ante un estímulo. Es poco frecuente ver síntomas de narcolepsia durante la infancia (estos sobrevienen en la adolescencia), pero se han identificado algunos casos en lactantes. Si su bebé presenta esos síntomas, consulte a su médico.

Mi bebé no quiere pasarse de mis brazos a la cuna

Los bebés pequeños entran directamente a la etapa REM del sueño, la cual es más superficial y más activa que la del sueño no REM. Debido a la facilidad con la cual puede despertar durante la etapa REM, un bebé pequeño que se duerme sobre el hombro de la madre puede despertarse a los pocos minutos de haberlo pasado al moisés. Además, durante el sueño REM el bebé tiene dificultades para regular su temperatura. Después de estar calientito y cómodo en los brazos de su madre, o de ser amamantado, el bebé se enfría rápidamente al pasarlo a la cuna. Ese cambio de temperatura también puede hacer que despierte prematuramente. Esto puede ser frustrante para los padres, pero ayuda saber que esa dificultad para pasar de los brazos a la cuna no significa que el bebé no sea perfectamente normal.

Hay algunas técnicas para facilitar la transición de los brazos a la cuna. Mientras arrulla al bebé, ponga una manta entre su cuerpo y el del bebé para que esta se caliente con el calor de su cuerpo. Después, ponga al bebé en la cuna junto con la manta. (Asegúrese de utilizar una manta pequeña y liviana que sea segura para el bebé.) Mantenga tanto contacto corporal con el bebé como sea posible mientras lo pasa a la cuna. Continúe tocando al bebé durante unos momentos para hacer menos abrupta la transición. Una sábana ajustable de un material abrigado y una manta podrán ayudarlo a mantenerse caliente; a los recién nacidos les agrada estar bien envueltos. Otra estratagema a la cual recurrí en los primeros meses fue tender la manta de mi bebé en mi cama para acostarla encima y amamantarla estando yo acostada también. Cuando se dormía, recogía las puntas de la manta para formar una especie de hamaca y así la depositaba suavemente en el moisés sin sacudirle su cuello todavía desgonzado ni el resto de su diminuto cuerpo y correr el riesgo de despertarla. Este método es particularmente útil cuando las muñecas están resentidas por alzar al bebé.

Mi bebé despierta con frecuencia durante la noche

Aproximadamente hasta las seis semanas de edad, es de esperar que su bebé despierte varias veces en la noche. Esas rondas de dormir y despertar en realidad pueden ayudar al cerebro del bebé a calibrar los mecanismos del sueño que utilizará el resto de la vida.

Después de los primeros meses, algunos bebés todavía despiertan con frecuencia, sin que eso sea señal de enfermedad. Los padres suelen atribuir esos despertares a la dentición, gases o sufrimiento emocional, pero en mi opinión esas supuestas causas son dudosas.

Estos despertares ocurren conforme a tres patrones comunes: cada hora o cada dos horas, despertar para comer vorazmente y despertar para volver a dormir tan pronto comienza a comer. En todos los casos, asegúrese primero de que el bebé esté en un entorno acogedor, sin mucho frío ni mucho calor. Después puede ensayar distintas estrategias, dependiendo del patrón específico de su bebé.

Despertar cada hora o cada dos horas. He visto casos en los cuales los bebés duermen unas pocas siestas de veinte minutos durante el día, despiertan a cada hora durante la noche, y es necesario alzarlos a arrullarlos casi continuamente. En estos casos, las familias han llegado a una situación de falta de sueño de proporciones críticas. Los bebés sufren, los padres van por la vida adormilados y no poco deprimidos y constituyen un peligro cuando conducen.

Puesto que quizás no tenga mayor control sobre el sueño nocturno todavía, conviene concentrarse en proporcionar a los bebés un mejor esquema de siestas durante el día. Cuando esté más descansado gracias a unas buenas siestas, el sueño nocturno mejorará. Por consiguiente, siga el plan N.A.P.S. estrictamente, con el ojo avizor para detectar cualquier señal de adormecimiento. Aunque no vea señal alguna de sueño (y por lo general son difíciles de detectar si el bebé llora mucho), inicie el proceso de arrullo unos cinco minutos antes de terminar el ciclo de los 90 minutos de vigilia. Es probable que su bebé sea más difícil de arrullar que otros, de manera que piense que su

* * * * * * * * * * * * * * * * * *

Es probable que su bebé sea más difícil de arrullar que otros, de manera que piense que su caso es una excepción y no se sienta mal por tener que depender de un columpio o del cabestrillo constantemente durante unos pocos días o una semana. caso es una excepción y no se sienta mal por tener que depender de un columpio o del cabestrillo constantemente durante unos pocos días o una semana. Podrá destetar al bebé de esos medios externos posteriormente. (Lo único es no depender de los paseos en automóvil si la fatiga es excesiva y conducir pudiera ser una alternativa poco segura.) Por último, lea las recomendaciones de la página 173 ("Mi bebé duerme siestas cortas") si las siestas cortas persisten y al parecer no sirven para corregir el cansancio del bebé.

Despertar con frecuencia a comer vorazmente. "¡Mi bebé come tanto en la noche que debe estar muerto de hambre!" me dijo una madre. El bebé había salido ya del período neonatal, estaba en el percentil 95 de peso y ciertamente no tenía problemas de aumento de peso. Le sugerí que considerara otra razón para ese comportamiento: había entrenado el sistema digestivo del bebé a esperar algo de comida por ofrecerle un biberón cada vez que despertaba. El bebé había aprendido a depender del alimento para conciliar el sueño.

Para reducir esa dependencia puede dejarse llevar por su instinto y su sentido común para calmarlo en lugar de ofrecerle comida cada vez que despierte en la noche. Cuando su bebé ya no espere alimento a toda hora en la noche, comenzará a despertar con menos frecuencia. (Antes de aplicar esta recomendación, consulte con el pediatra para cerciorarse de que su bebé tenga la edad apropiada y no tenga problemas de falta de peso.) Para más información sobre las comidas nocturnas y su conexión con despertares problemáticos, remítase a las páginas 117-122.

Despertar con frecuencia pero quedarse dormido tan pronto comienza a comer. El bebé despierta, usted le ofrece el biberón o el seno, y en cuestión de segundos el bebé se queda dormido nuevamente. Usted puede apoyarse en una serie muy útil de señales cuando eso suceda. Esas señales apuntan a la posibilidad de que su bebé no tenga hambre realmente y quizás lo único que desee es un poco de arrullo para volver a dormir. Alimentar con frecuencia en la noche a un bebé de seis meses o más es crear una conexión entre la comida y el sueño, o la necesidad de ayuda externa para conciliar el sueño. Esto de por sí perpetúa los despertares nocturnos. (Sin embargo, los recién nacidos en realidad necesitan comer con frecuencia en la noche.) Al recurrir a otra alternativa para consolarlo podrá corregir gradualmente ese hábito y el bebé quizás comience a dormir más tiempo sin ayuda.

Mi bebé solía dormir muy bien pero ahora despierta en la noche

Puede ser devastador ver que un bebé que dormía bien súbitamente vuelve a despertar en las noches. Ya los padres han vuelto a disfrutar de noches tranquilas y es como si los estafaran.

Infortunadamente, casi siempre hay altibajos en el proceso del sueño, épocas en que el bebé se despierta aunque no esté enfermo o lo haya sacado de su sueño algún hecho inesperado como una tormenta eléctrica. Estos altibajos pueden producirse en momentos clave del desarrollo, cuando el bebé está aprendiendo a voltearse, a sentare o a pararse. Eso le produce emoción y quizás desee compartir su alegría con sus padres. También pueden reanudarse los despertares con la dentición (aunque se ha exagerado al atribuir los despertares a la dentición) o cuando el bebé sufre los efectos del cambio de zona horaria. A veces también comienzan a despertar en las noches por razones que nadie comprende totalmente.

Claro está que si su bebé despierta porque está enfermo o siente dolor, probablemente no tendrá dificultad en saberlo por la naturaleza del llanto, el cual tiende a ser más insistente y agudo que de costumbre. En ese caso, acuda en su ayuda. Si ha descartado esas causas y el bebé todavía no tiene seis meses, quizás sea necesario acudir para consolarlo. Todavía es muy pequeño y depende enormemente de su madre. Si ya ha demostrado que no necesita comer en la noche, trate de no recurrir a la comida para consolarlo. Trate de calmarlo lo más tranquilamente posible. Es probable que al poco tiempo vuelva a sus buenos hábitos de sueño. Como último recurso, puede intentar dejarlo llorar unos cinco o diez minutos antes de acudir, en particular si el llanto tiene tono de sueño, ya que podría conciliar el sueño nuevamente sin su ayuda. Si eso no funciona, espere a que tenga edad suficiente para enseñarle las técnicas para arrullarse a sí mismo.

Si el bebé ya tiene seis meses o más, las herramientas son otras. Trate de darle unos minutos para volver a dormirse antes de acudir a consolarlo. Después responda de la manera más neutra posible, con unas palmaditas en la espalda sin alzarlo, o hablándole suavemente. Si el bebé se para en la cuna y no logra sentarse (es algo que sucede de verdad), o si tiene un pie atrapado entre los barrotes de la cuna, ayúdelo y después trate de salir de la habitación. Recomiendo hacer esto de la manera más seria posible, sin hablar, sin sonreír, sin mirarlo a los ojos y sin quedarse en la habitación, porque no se trata de que el bebé crea que es hora de jugar. Si, transcurridos unos cuantos días, el bebé todavía despierta en la noche, puede optar por enseñarle algunas técnicas para arrullarse a sí mismo. Si ya ha instituido una rutina para enseñarle a conciliar el sueño por su cuenta, le tengo buenas noticias: esta vez el bebé responderá mucho más rápido.

Mi bebé desea permanecer despierto durante más de 90 minutos

Su observación puede ser correcta. A los cuatro meses, muchos bebés están listos para prolongar la vigilia del final de la tarde de 90 minutos a tres horas o hasta cuatro horas y media. Algunos también presentan un período de actividad de tres horas al despertar en la mañana, en particular si sus siestas son largas. Hacia los seis meses puede surgir otro período de tres horas de actividad entre la siesta de la mañana y la de la tarde. Sin embargo, tenga presente que esos períodos más largos de vigilia se presentan espontáneamente. No piense que su bebé no es normal porque comienza a permanecer despierto más tiempo antes o después de las edades que se mencionan aquí.

Mi bebé no necesita dormir tanto como usted afirma

Es curioso: ¡algunos bebés no leen las tablas de sueño! Si bien la mayoría de los bebés duermen un número esperado de horas al día, algunos necesitan más o menos horas de sueño que el promedio. Sin embargo, todos los bebés obedecen el ciclo de los 90 minutos en concordancia con su propio desarrollo.

Antes de concluir que su bebé necesita menos horas de sueño que otros asegúrese de seguir el plan N.A.P.S. y de prestar atención para responder con celeridad ante las señales de somnolencia de su bebé. No pretenda que el bebé cumpla el horario de un adulto, en particular en lo que respecta a las actividades del día y la hora de acostarse. No recorte el tiempo de las siestas llevando al bebé consigo a cumplir con muchas citas y diligencias, y trate de acostarlo temprano para aumentar las horas de sueño nocturno. Quizás se sorprenda al descubrir cuánto puede dormir su bebé si se le da la oportunidad de seguir sus propios ritmos biológicos.

Lleve el ritmo

Imposible recordar cuántos padres me han dicho que seguir el plan N.A.P.S. es muy fácil. Sin embargo, es natural que algunos tengan sus dudas y temores: "¿Cómo es posible que mi bebé vuelva a dormir tras 90 minutos de vigilia? ¿Cómo es posible que las siestas diurnas mejoren el sueño nocturno? ¿Cómo dedicar tiempo al sueño del bebé si estamos totalmente agotados?" Si tiene la certeza de que el programa jamás funcionará en su hogar, respire hondo y piense en lo siguiente:

El primer paso es sentir un compromiso positivo frente a la idea de que el bebé duerma en armonía con sus ritmos internos. Recuerde que todos tenemos ciclos naturales de reposo y actividad, y por una buena razón. El famoso versículo del Eclesiastés que dice, "Para todo hay una estación/y hay un momento propicio para todos los propósitos bajo el cielo", refleja una verdad que todos los grandes sistemas filosóficos y religiosos reconocen: ningún ser humano está hecho para estar activo incesantemente. Todos necesitamos tiempo para disfrutar de la entretención, concentrarnos para aprender, soñar despiertos y descansar.

El paso siguiente es sencillamente comenzar. Es probable que el plan N.A.P.S. le parezca extraño en un principio, pero al poco tiempo le parecerá muy fácil cuando aprenda a marcar ese compás. A pesar de las presiones y las responsabilidades de la vida cotidiana, verá que a largo plazo todo será más fácil si su hijo está bien descansado y ha aprendido buenos hábitos de sueño. Le *prometo* que podrá hacerlo; podrá lograrlo y al no hacer caso omiso de los ritmos internos de su bebé, mejorará el sueño de toda la familia. ¡Buena suerte y dulces sueños!

El diario
del sueño de su bebé

Una vez que sepa distinguir las señales y los patrones de sueño de su bebé, ambos irán por buen camino hacia unos esquemas de sueño más prolongados y reparadores. El proceso se facilita con la ayuda de un diario. Durante el primer año de vida de un hijo, los padres tienen muchas cosas en la mente, como tratar de recordar cuál es el día de la semana y si los zapatos concuerdan. (Sugerencia: no le preste mucha atención al tema de los zapatos.) Aunque normalmente tenga memoria de elefante, quizás sienta que le resulta difícil recordar lo que sucedió durante un solo día o una sola noche con el horario de sueño de su bebé si no lo anota.

Por esa razón ofrezco aquí una serie de planillas para su beneficio. Ellas le brindan un espacio concreto para anotar las horas de sueño de su bebé y la clase de comportamiento que ha tenido justo antes de conciliar el sueño. Mantenga el diario junto con un lápiz en un lugar donde esté a la visa y sea fácil de usar, cerca de la cuna, por ejemplo, o donde quiera que su bebé duerma.

Una ventaja clara de usar el diario del sueño es que le servirá para detectar oportunamente los patrones que comienzan a perfilarse. Podrá valerse de esa información para ayudar a su bebé a dormir cuando es más alta la probabilidad de que concilie el sueño fácilmente y antes de que llegue al difícil estado de fatiga excesiva en el cual no será fácil calmarlo. Los diarios tienen otras ventajas también. Le ayudarán a evitar exageraciones como estas: "Mi bebé no duerme *nunca*" o "Mi bebé llora *todo* el tiempo". Con la ayuda de estas planillas podrá corregir rápidamente sus percepciones y sentirse mejor con respecto a su bebé y sus habilidades para la crianza. Además, su pareja o la niñera podrán dudar de que el bebé realmente necesite dormir tanto como usted afirma. Los diarios del sueño brindan una prueba concreta de que el bebé realmente necesita adherirse a los ciclos de 90 minutos de sueño y de vigilia, o que, por extraño que les parezca a otros adultos, su bebé tiende a halarse las orejas (o a tener algún otro comportamiento raro) cuando está listo para dormir.

En vista de que los patrones de sueño de su bebé evolucionarán a medida que avanza el primer año de vida, he incluido planillas para varias etapas distintas: las primeras dos semanas, de las dos semanas a los tres meses, de los tres a los cinco meses, de los seis a los ocho meses, y de los ocho meses al año y después. *Para utilizar estas planillas, sencillamente anote las horas de sueño de su bebé: anote las horas a las cuales despierta y las horas de inicio de las siestas y de acostarse en las columnas correspondientes: hora de despertar y hora de dormir, respectivamente, como se ilustra en*

✳ ✳ ✳ ✳ ✳ ✳ ✳ ✳ ✳ ✳ ✳ ✳ ✳ ✳ ✳

el ejemplo de la derecha. (En este libro he hecho énfasis en las horas de las siestas, pero he dejado espacios para anotar las horas de sueño y los despertares nocturnos, si desea.) Puede utilizar los espacios adicionales para anotar las señales de somnolencia de su bebé, las cuales también podrían cambiar a medida que pasa el tiempo. Cuando considere que ya se ha adaptado a las necesidades de sueño de su bebé, podrá guardar el diario hasta que sienta que están cambiando los patrones de sueño y que vale la pena llevar el diario nuevamente.

En un principio puede parecerle extraño llevar la cuenta de las horas de sueño de su bebé, y en realidad quizás olvide anotar algunas siestas.

Pero espero que reconozca que ese esfuerzo mínimo de llenar una planilla durante algunos días vale la pena, considerando el enorme beneficio de tener un bebé alegre y bien descansado.

Las primeras dos

■ Día dos	Hora de despertar	Hora de dormir
Media noche a 1:00 a. m.		
1:00 a. m. a 2:00 a. m.		
2:00 a. m. a 3:00 a. m.		
3:00 a. m. a 4:00 a. m.		
4:00 a. m. a 5:00 a. m.		
5:00 a. m. a 5:00 a. m.		
6:00 a. m. a 7:00 a. m.		
7:00 a.m. a 8:00 a. m.	7:30	
8:00 a.m. a 9:00 a.m.		9:00
10:00 a.m. a 11:00 a.m.	9:20	
11:00 a. m. a 12:00 a.m.		10:50
Medio día a 1:00 p.m.		
1:00 p.m. a 2:00 p.m.	1:50	
2:00 p.m. a 3:00 p.m.		
3:00 p.m. a 4:00 p.m.		3:20
4:00 p.m. a 5:00 p.m.	4:00	
5:00 p.m. a 6:00 p.m.		5:30
6:00 p.m. a 7:00 p.m.	6:00	
7:00 p.m. a 8:00 p.m.		7:30
8:00 p.m. a 9:00 p.m.		
9:00 p.m. a 10:00 p.m.	9:30	
10:00 p.m. a 11:00 p.m.		11:00
11:00 p.m. a la media noche		

■ D
Media noche a 1:00 a. m.
1:00 a. m. a
2:00 a. m. a 3
3:00 a. m. a 4:00
4:00 a. m. a 5:00
5:00 a. m. a 5:00
6:00 a. m. a 7:00 a.
7:00 a.m. a 8:00 a.
8:00 a.m. a 9:00 a.m.
10:00 a.m. a 11:00 a.
11:00 a. m. a 12:00 a.
Medio día a 1:00 p.m.
1:00 p.m. a 2:00 p.m.
2:00 p.m. a 3:00 p.m.
3:00 p.m. a 4:00 p.m.
4:00 p.m. a 5:00 p.m.
5:00 p.m. a 6:00 p.m.
6:00 p.m. a 7:00 p.m.
7:00 p.m. a 8:00 p.m.
8:00 p.m. a 9:00 p.m.
9:00 p.m. a 10:00 p.m.
10:00 p.m. a 11:00 p.m.
11:00 p.m. a la media noche

— 206 —

Las primeras dos semanas

SEÑALES DE SUEÑO
EN LAS PRIMERAS DOS SEMANAS

Anote aquí lo que hace su bebé o su forma de actuar justo antes de dormirse. En las primeras dos semanas, muchos bebés sencillamente se duermen solos, o pueden llorar cuando están cansados.

_____

_____

_____

_____

_____

_____

_____

_____

_____

_____

_____

_____

_____

_____

_____

_____

_____

Remítase a las páginas 90-97 para más información sobre
las señales y los patrones de sueño en las primeras dos semanas.

ANOTE LAS SIESTAS Y LAS NOCHES DE LAS PRIMERAS DOS SEMANAS

A continuación encontrará planillas para una semana completa de anotaciones sobre el sueño del bebé durante las primeras semanas de vida. Está bien si no considera necesario llevar la cuenta de las horas de sueño de su bebé durante los siete días completos. Durante este período podrá ver, o no, que comienza a perfilarse el ciclo de los 90 minutos. Haga lo mejor que pueda para ayudar a su bebé a dormir, y trate de descansar usted también.

Para utilizar estas planillas, sencillamente anote las horas de sueño de su bebé: anote en las columnas correspondientes las horas a las cuales despierta, y las horas de inicio de las siestas y de acostarse.

■ Día uno	Hora de despertar	Hora de dormir
Medianoche a 1:00 a. m.		
1:00 a. m. a 2:00 a. m.		
2:00 a. m. a 3:00 a. m.		
3:00 a. m. a 4:00 a. m.		
4:00 a. m. a 5:00 a. m.		
5:00 a. m. a 5:00 a. m.		
6:00 a. m. a 7:00 a. m.		
7:00 a.m. a 8:00 a. m.		
8:00 a.m. a 9:00 a.m.		
10:00 a.m. a 11:00 a.m.		
11:00 a. m. a 12:00 m.		
Mediodía a 1:00 p.m.		
1:00 p.m. a 2:00 p.m.		
2:00 p.m. a 3:00 p.m.		
3:00 p.m. a 4:00 p.m.		
4:00 p.m. a 5:00 p.m.		
5:00 p.m. a 6:00 p.m.		
6:00 p.m. a 7:00 p.m.		
7:00 p.m. a 8:00 p.m.		
8:00 p.m. a 9:00 p.m.		
9:00 p.m. a 10:00 p.m.		
10:00 p.m. a 11:00 p.m.		
11:00 p.m. a la medianoche		

■ Día dos	Hora de despertar	Hora de dormir	■ Día tres	Hora de despertar	Hora de dormir
Medianoche a 1:00 a. m.			Medianoche a 1:00 a. m.		
1:00 a. m. a 2:00 a. m.			1:00 a. m. a 2:00 a. m.		
2:00 a. m. a 3:00 a. m.			2:00 a. m. a 3:00 a. m.		
3:00 a. m. a 4:00 a. m.			3:00 a. m. a 4:00 a. m.		
4:00 a. m. a 5:00 a. m.			4:00 a. m. a 5:00 a. m.		
5:00 a. m. a 5:00 a. m.			5:00 a. m. a 5:00 a. m.		
6:00 a. m. a 7:00 a. m.			6:00 a. m. a 7:00 a. m.		
7:00 a.m. a 8:00 a. m.			7:00 a.m. a 8:00 a. m.		
8:00 a.m. a 9:00 a.m.			8:00 a.m. a 9:00 a.m.		
10:00 a.m. a 11:00 a.m.			10:00 a.m. a 11:00 a.m.		
11:00 a. m. a 12:00 m.			11:00 a. m. a 12:00 m.		
Mediodía a 1:00 p.m.			Mediodía a 1:00 p.m.		
1:00 p.m. a 2:00 p.m.			1:00 p.m. a 2:00 p.m.		
2:00 p.m. a 3:00 p.m.			2:00 p.m. a 3:00 p.m.		
3:00 p.m. a 4:00 p.m.			3:00 p.m. a 4:00 p.m.		
4:00 p.m. a 5:00 p.m.			4:00 p.m. a 5:00 p.m.		
5:00 p.m. a 6:00 p.m.			5:00 p.m. a 6:00 p.m.		
6:00 p.m. a 7:00 p.m.			6:00 p.m. a 7:00 p.m.		
7:00 p.m. a 8:00 p.m.			7:00 p.m. a 8:00 p.m.		
8:00 p.m. a 9:00 p.m.			8:00 p.m. a 9:00 p.m.		
9:00 p.m. a 10:00 p.m.			9:00 p.m. a 10:00 p.m.		
10:00 p.m. a 11:00 p.m.			10:00 p.m. a 11:00 p.m.		
11:00 p.m. a la media-noche			11:00 p.m. a la media-noche		

Las primeras dos semanas

■ **Día cuatro**	Hora de despertar	Hora de dormir	■ **Día cinco**	Hora de despertar	Hora de dormir
Medianoche a 1:00 a. m.			Medianoche a 1:00 a. m.		
1:00 a. m. a 2:00 a. m.			1:00 a. m. a 2:00 a. m.		
2:00 a. m. a 3:00 a. m.			2:00 a. m. a 3:00 a. m.		
3:00 a. m. a 4:00 a. m.			3:00 a. m. a 4:00 a. m.		
4:00 a. m. a 5:00 a. m.			4:00 a. m. a 5:00 a. m.		
5:00 a. m. a 5:00 a. m.			5:00 a. m. a 5:00 a. m.		
6:00 a. m. a 7:00 a. m.			6:00 a. m. a 7:00 a. m.		
7:00 a.m. a 8:00 a. m.			7:00 a.m. a 8:00 a. m.		
8:00 a.m. a 9:00 a.m.			8:00 a.m. a 9:00 a.m.		
10:00 a.m. a 11:00 a.m.			10:00 a.m. a 11:00 a.m.		
11:00 a. m. a 12:00 m.			11:00 a. m. a 12:00 m.		
Mediodía a 1:00 p.m.			Mediodía a 1:00 p.m.		
1:00 p.m. a 2:00 p.m.			1:00 p.m. a 2:00 p.m.		
2:00 p.m. a 3:00 p.m.			2:00 p.m. a 3:00 p.m.		
3:00 p.m. a 4:00 p.m.			3:00 p.m. a 4:00 p.m.		
4:00 p.m. a 5:00 p.m.			4:00 p.m. a 5:00 p.m.		
5:00 p.m. a 6:00 p.m.			5:00 p.m. a 6:00 p.m.		
6:00 p.m. a 7:00 p.m.			6:00 p.m. a 7:00 p.m.		
7:00 p.m. a 8:00 p.m.			7:00 p.m. a 8:00 p.m.		
8:00 p.m. a 9:00 p.m.			8:00 p.m. a 9:00 p.m.		
9:00 p.m. a 10:00 p.m.			9:00 p.m. a 10:00 p.m.		
10:00 p.m. a 11:00 p.m.			10:00 p.m. a 11:00 p.m.		
11:00 p.m. a la media-noche			11:00 p.m. a la media-noche		

Las primeras dos semanas

■ Día seis	Hora de despertar	Hora de dormir	■ Día siete	Hora de despertar	Hora de dormir
Medianoche a 1:00 a. m.			Medianoche a 1:00 a. m.		
1:00 a. m. a 2:00 a. m.			1:00 a. m. a 2:00 a. m.		
2:00 a. m. a 3:00 a. m.			2:00 a. m. a 3:00 a. m.		
3:00 a. m. a 4:00 a. m.			3:00 a. m. a 4:00 a. m.		
4:00 a. m. a 5:00 a. m.			4:00 a. m. a 5:00 a. m.		
5:00 a. m. a 5:00 a. m.			5:00 a. m. a 5:00 a. m.		
6:00 a. m. a 7:00 a. m.			6:00 a. m. a 7:00 a. m.		
7:00 a.m. a 8:00 a. m.			7:00 a.m. a 8:00 a. m.		
8:00 a.m. a 9:00 a.m.			8:00 a.m. a 9:00 a.m.		
10:00 a.m. a 11:00 a.m.			10:00 a.m. a 11:00 a.m.		
11:00 a. m. a 12:00 m.			11:00 a. m. a 12:00 m.		
Mediodía a 1:00 p.m.			Mediodía a 1:00 p.m.		
1:00 p.m. a 2:00 p.m.			1:00 p.m. a 2:00 p.m.		
2:00 p.m. a 3:00 p.m.			2:00 p.m. a 3:00 p.m.		
3:00 p.m. a 4:00 p.m.			3:00 p.m. a 4:00 p.m.		
4:00 p.m. a 5:00 p.m.			4:00 p.m. a 5:00 p.m.		
5:00 p.m. a 6:00 p.m.			5:00 p.m. a 6:00 p.m.		
6:00 p.m. a 7:00 p.m.			6:00 p.m. a 7:00 p.m.		
7:00 p.m. a 8:00 p.m.			7:00 p.m. a 8:00 p.m.		
8:00 p.m. a 9:00 p.m.			8:00 p.m. a 9:00 p.m.		
9:00 p.m. a 10:00 p.m.			9:00 p.m. a 10:00 p.m.		
10:00 p.m. a 11:00 p.m.			10:00 p.m. a 11:00 p.m.		
11:00 p.m. a la medianoche			11:00 p.m. a la medianoche		

De las dos semanas a los tres meses

* • * • * • * • * • * • * • * • * • * • * • * • * • * • * • *

SEÑALES DE SUEÑO DE LAS DOS SEMANAS A LOS TRES MESES

Anote aquí lo que hace su bebé o su forma de actuar justo antes de dormirse. A esta edad, la mayoría de los bebés lloran cuando tienen sueño, pero algunos desarrollan unas señales más sutiles o inusuales, como halarse las orejas o mirar al vacío.

_____

_____

_____

_____

_____

_____

_____

_____

_____

_____

_____

_____

_____

_____

_____

_____

_____

Remítase a las páginas 97-111 para más información sobre las señales y los patrones de sueño entre las dos semanas y los tres meses.

ANOTE LAS SIESTAS Y LAS NOCHES ENTRE LAS DOS SEMANAS Y LOS TRES MESES

A continuación encontrará planillas para una semana completa de anotaciones sobre el sueño del bebé durante las primeras semanas de vida. Está bien si no considera necesario llevar la cuenta de las horas de sueño de su bebé durante los siete días completos. Durante este período podrá ver que comienza a perfilarse el ciclo de los 90 minutos.

Para utilizar estas planillas, sencillamente anote las horas de sueño de su bebé: anote en las columnas correspondientes las horas a las cuales despierta, y las horas de inicio de las siestas y de acostarse.

■ Día uno	Hora de despertar	Hora de dormir
Medianoche a 1:00 a. m.		
1:00 a. m. a 2:00 a. m.		
2:00 a. m. a 3:00 a. m.		
3:00 a. m. a 4:00 a. m.		
4:00 a. m. a 5:00 a. m.		
5:00 a. m. a 5:00 a. m.		
6:00 a. m. a 7:00 a. m.		
7:00 a.m. a 8:00 a. m.		
8:00 a.m. a 9:00 a.m.		
10:00 a.m. a 11:00 a.m.		
11:00 a. m. a 12:00 m.		
Mediodía a 1:00 p.m.		
1:00 p.m. a 2:00 p.m.		
2:00 p.m. a 3:00 p.m.		
3:00 p.m. a 4:00 p.m.		
4:00 p.m. a 5:00 p.m.		
5:00 p.m. a 6:00 p.m.		
6:00 p.m. a 7:00 p.m.		
7:00 p.m. a 8:00 p.m.		
8:00 p.m. a 9:00 p.m.		
9:00 p.m. a 10:00 p.m.		
10:00 p.m. a 11:00 p.m.		
11:00 p.m. a la medianoche		

De las dos semanas a los tres meses

■ Día dos	Hora de despertar	Hora de dormir	■ Día tres	Hora de despertar	Hora de dormir
Medianoche a 1:00 a. m.			Medianoche a 1:00 a. m.		
1:00 a. m. a 2:00 a. m.			1:00 a. m. a 2:00 a. m.		
2:00 a. m. a 3:00 a. m.			2:00 a. m. a 3:00 a. m.		
3:00 a. m. a 4:00 a. m.			3:00 a. m. a 4:00 a. m.		
4:00 a. m. a 5:00 a. m.			4:00 a. m. a 5:00 a. m.		
5:00 a. m. a 5:00 a. m.			5:00 a. m. a 5:00 a. m.		
6:00 a. m. a 7:00 a. m.			6:00 a. m. a 7:00 a. m.		
7:00 a.m. a 8:00 a. m.			7:00 a.m. a 8:00 a. m.		
8:00 a.m. a 9:00 a.m.			8:00 a.m. a 9:00 a.m.		
10:00 a.m. a 11:00 a.m.			10:00 a.m. a 11:00 a.m.		
11:00 a. m. a 12:00 m.			11:00 a. m. a 12:00 m.		
Mediodía a 1:00 p.m.			Mediodía a 1:00 p.m.		
1:00 p.m. a 2:00 p.m.			1:00 p.m. a 2:00 p.m.		
2:00 p.m. a 3:00 p.m.			2:00 p.m. a 3:00 p.m.		
3:00 p.m. a 4:00 p.m.			3:00 p.m. a 4:00 p.m.		
4:00 p.m. a 5:00 p.m.			4:00 p.m. a 5:00 p.m.		
5:00 p.m. a 6:00 p.m.			5:00 p.m. a 6:00 p.m.		
6:00 p.m. a 7:00 p.m.			6:00 p.m. a 7:00 p.m.		
7:00 p.m. a 8:00 p.m.			7:00 p.m. a 8:00 p.m.		
8:00 p.m. a 9:00 p.m.			8:00 p.m. a 9:00 p.m.		
9:00 p.m. a 10:00 p.m.			9:00 p.m. a 10:00 p.m.		
10:00 p.m. a 11:00 p.m.			10:00 p.m. a 11:00 p.m.		
11:00 p.m. a la media-noche			11:00 p.m. a la media-noche		

De las dos semanas a los tres meses

■ Día cuatro	Hora de despertar	Hora de dormir	■ Día cinco	Hora de despertar	Hora de dormir
Medianoche a 1:00 a. m.			Medianoche a 1:00 a. m.		
1:00 a. m. a 2:00 a. m.			1:00 a. m. a 2:00 a. m.		
2:00 a. m. a 3:00 a. m.			2:00 a. m. a 3:00 a. m.		
3:00 a. m. a 4:00 a. m.			3:00 a. m. a 4:00 a. m.		
4:00 a. m. a 5:00 a. m.			4:00 a. m. a 5:00 a. m.		
5:00 a. m. a 5:00 a. m.			5:00 a. m. a 5:00 a. m.		
6:00 a. m. a 7:00 a. m.			6:00 a. m. a 7:00 a. m.		
7:00 a.m. a 8:00 a. m.			7:00 a.m. a 8:00 a. m.		
8:00 a.m. a 9:00 a.m.			8:00 a.m. a 9:00 a.m.		
10:00 a.m. a 11:00 a.m.			10:00 a.m. a 11:00 a.m.		
11:00 a. m. a 12:00 m.			11:00 a. m. a 12:00 m.		
Mediodía a 1:00 p.m.			Mediodía a 1:00 p.m.		
1:00 p.m. a 2:00 p.m.			1:00 p.m. a 2:00 p.m.		
2:00 p.m. a 3:00 p.m.			2:00 p.m. a 3:00 p.m.		
3:00 p.m. a 4:00 p.m.			3:00 p.m. a 4:00 p.m.		
4:00 p.m. a 5:00 p.m.			4:00 p.m. a 5:00 p.m.		
5:00 p.m. a 6:00 p.m.			5:00 p.m. a 6:00 p.m.		
6:00 p.m. a 7:00 p.m.			6:00 p.m. a 7:00 p.m.		
7:00 p.m. a 8:00 p.m.			7:00 p.m. a 8:00 p.m.		
8:00 p.m. a 9:00 p.m.			8:00 p.m. a 9:00 p.m.		
9:00 p.m. a 10:00 p.m.			9:00 p.m. a 10:00 p.m.		
10:00 p.m. a 11:00 p.m.			10:00 p.m. a 11:00 p.m.		
11:00 p.m. a la medianoche			11:00 p.m. a la medianoche		

De las dos semanas a los tres meses

■ Día seis	Hora de despertar	Hora de dormir	■ Día siete	Hora de despertar	Hora de dormir
Medianoche a 1:00 a. m.			Medianoche a 1:00 a. m.		
1:00 a. m. a 2:00 a. m.			1:00 a. m. a 2:00 a. m.		
2:00 a. m. a 3:00 a. m.			2:00 a. m. a 3:00 a. m.		
3:00 a. m. a 4:00 a. m.			3:00 a. m. a 4:00 a. m.		
4:00 a. m. a 5:00 a. m.			4:00 a. m. a 5:00 a. m.		
5:00 a. m. a 5:00 a. m.			5:00 a. m. a 5:00 a. m.		
6:00 a. m. a 7:00 a. m.			6:00 a. m. a 7:00 a. m.		
7:00 a.m. a 8:00 a. m.			7:00 a.m. a 8:00 a. m.		
8:00 a.m. a 9:00 a.m.			8:00 a.m. a 9:00 a.m.		
10:00 a.m. a 11:00 a.m.			10:00 a.m. a 11:00 a.m.		
11:00 a. m. a 12:00 m.			11:00 a. m. a 12:00 m.		
Mediodía a 1:00 p.m.			Mediodía a 1:00 p.m.		
1:00 p.m. a 2:00 p.m.			1:00 p.m. a 2:00 p.m.		
2:00 p.m. a 3:00 p.m.			2:00 p.m. a 3:00 p.m.		
3:00 p.m. a 4:00 p.m.			3:00 p.m. a 4:00 p.m.		
4:00 p.m. a 5:00 p.m.			4:00 p.m. a 5:00 p.m.		
5:00 p.m. a 6:00 p.m.			5:00 p.m. a 6:00 p.m.		
6:00 p.m. a 7:00 p.m.			6:00 p.m. a 7:00 p.m.		
7:00 p.m. a 8:00 p.m.			7:00 p.m. a 8:00 p.m.		
8:00 p.m. a 9:00 p.m.			8:00 p.m. a 9:00 p.m.		
9:00 p.m. a 10:00 p.m.			9:00 p.m. a 10:00 p.m.		
10:00 p.m. a 11:00 p.m.			10:00 p.m. a 11:00 p.m.		
11:00 p.m. a la media-noche			11:00 p.m. a la media-noche		

De los tres a los cinco meses

❋ • ❋ • ❋ • ❋ • ❋ • ❋ • ❋ • ❋ • ❋ • ❋ • ❋ • ❋ • ❋ • ❋ • ❋

SEÑALES DE SUEÑO DE LOS TRES A LOS CINCO MESES

Anote aquí lo que hace su bebé o su forma de actuar justo antes de dormirse. Su bebé podrá desarrollar otras señales de sueño distintas del llanto.

_____

_____

_____

_____

_____

_____

_____

_____

_____

_____

_____

_____

_____

_____

_____

_____

Remítase a las páginas 111-127 para más información sobre las señales
y los patrones de sueño entre los tres y los cinco meses

ANOTE LAS SIESTAS Y LAS NOCHES ENTRE LOS TRES Y LOS CINCO MESES

A continuación encontrará planillas para una semana completa de anotaciones sobre el sueño del bebé durante las primeras semanas de vida. Está bien si no considera necesario llevar la cuenta de las horas de sueño de su bebé durante los siete días completos. Hacia los cuatro meses, muchos bebés aumentarán uno o más de sus períodos de vigilia, de 90 minutos hasta tres o cuatro horas y media. El primer período prolongado de vigilia suele aparecer en las primeras horas de la noche. Prepárese para unos cuantos días difíciles mientras el cerebro del bebé aprende a comprender este cambio.

Para utilizar estas planillas, sencillamente anote las horas de sueño de su bebé: anote en las columnas correspondientes las horas a las cuales despierta, y las horas de inicio de las siestas y de acostarse.

■ Día uno	Hora de despertar	Hora de dormir
Medianoche a 1:00 a. m.		
1:00 a. m. a 2:00 a. m.		
2:00 a. m. a 3:00 a. m.		
3:00 a. m. a 4:00 a. m.		
4:00 a. m. a 5:00 a. m.		
5:00 a. m. a 5:00 a. m.		
6:00 a. m. a 7:00 a. m.		
7:00 a.m. a 8:00 a. m.		
8:00 a.m. a 9:00 a.m.		
10:00 a.m. a 11:00 a.m.		
11:00 a. m. a 12:00 m.		
Mediodía a 1:00 p.m.		
1:00 p.m. a 2:00 p.m.		
2:00 p.m. a 3:00 p.m.		
3:00 p.m. a 4:00 p.m.		
4:00 p.m. a 5:00 p.m.		
5:00 p.m. a 6:00 p.m.		
6:00 p.m. a 7:00 p.m.		
7:00 p.m. a 8:00 p.m.		
8:00 p.m. a 9:00 p.m.		
9:00 p.m. a 10:00 p.m.		
10:00 p.m. a 11:00 p.m.		
11:00 p.m. a la medianoche		

De los tres a los cinco meses

■ **Día dos**	Hora de despertar	Hora de dormir	■ **Día tres**	Hora de despertar	Hora de dormir
Medianoche a 1:00 a. m.			Medianoche a 1:00 a. m.		
1:00 a. m. a 2:00 a. m.			1:00 a. m. a 2:00 a. m.		
2:00 a. m. a 3:00 a. m.			2:00 a. m. a 3:00 a. m.		
3:00 a. m. a 4:00 a. m.			3:00 a. m. a 4:00 a. m.		
4:00 a. m. a 5:00 a. m.			4:00 a. m. a 5:00 a. m.		
5:00 a. m. a 5:00 a. m.			5:00 a. m. a 5:00 a. m.		
6:00 a. m. a 7:00 a. m.			6:00 a. m. a 7:00 a. m.		
7:00 a.m. a 8:00 a. m.			7:00 a.m. a 8:00 a. m.		
8:00 a.m. a 9:00 a.m.			8:00 a.m. a 9:00 a.m.		
10:00 a.m. a 11:00 a.m.			10:00 a.m. a 11:00 a.m.		
11:00 a. m. a 12:00 m.			11:00 a. m. a 12:00 m.		
Mediodía a 1:00 p.m.			Mediodía a 1:00 p.m.		
1:00 p.m. a 2:00 p.m.			1:00 p.m. a 2:00 p.m.		
2:00 p.m. a 3:00 p.m.			2:00 p.m. a 3:00 p.m.		
3:00 p.m. a 4:00 p.m.			3:00 p.m. a 4:00 p.m.		
4:00 p.m. a 5:00 p.m.			4:00 p.m. a 5:00 p.m.		
5:00 p.m. a 6:00 p.m.			5:00 p.m. a 6:00 p.m.		
6:00 p.m. a 7:00 p.m.			6:00 p.m. a 7:00 p.m.		
7:00 p.m. a 8:00 p.m.			7:00 p.m. a 8:00 p.m.		
8:00 p.m. a 9:00 p.m.			8:00 p.m. a 9:00 p.m.		
9:00 p.m. a 10:00 p.m.			9:00 p.m. a 10:00 p.m.		
10:00 p.m. a 11:00 p.m.			10:00 p.m. a 11:00 p.m.		
11:00 p.m. a la media-noche			11:00 p.m. a la media-noche		

De los tres a los cinco meses

■ Día cuatro	Hora de despertar	Hora de dormir	■ Día cinco	Hora de despertar	Hora de dormir
Medianoche a 1:00 a. m.			Medianoche a 1:00 a. m.		
1:00 a. m. a 2:00 a. m.			1:00 a. m. a 2:00 a. m.		
2:00 a. m. a 3:00 a. m.			2:00 a. m. a 3:00 a. m.		
3:00 a. m. a 4:00 a. m.			3:00 a. m. a 4:00 a. m.		
4:00 a. m. a 5:00 a. m.			4:00 a. m. a 5:00 a. m.		
5:00 a. m. a 5:00 a. m.			5:00 a. m. a 5:00 a. m.		
6:00 a. m. a 7:00 a. m.			6:00 a. m. a 7:00 a. m.		
7:00 a.m. a 8:00 a. m.			7:00 a.m. a 8:00 a. m.		
8:00 a.m. a 9:00 a.m.			8:00 a.m. a 9:00 a.m.		
10:00 a.m. a 11:00 a.m.			10:00 a.m. a 11:00 a.m.		
11:00 a. m. a 12:00 m.			11:00 a. m. a 12:00 m.		
Mediodía a 1:00 p.m.			Mediodía a 1:00 p.m.		
1:00 p.m. a 2:00 p.m.			1:00 p.m. a 2:00 p.m.		
2:00 p.m. a 3:00 p.m.			2:00 p.m. a 3:00 p.m.		
3:00 p.m. a 4:00 p.m.			3:00 p.m. a 4:00 p.m.		
4:00 p.m. a 5:00 p.m.			4:00 p.m. a 5:00 p.m.		
5:00 p.m. a 6:00 p.m.			5:00 p.m. a 6:00 p.m.		
6:00 p.m. a 7:00 p.m.			6:00 p.m. a 7:00 p.m.		
7:00 p.m. a 8:00 p.m.			7:00 p.m. a 8:00 p.m.		
8:00 p.m. a 9:00 p.m.			8:00 p.m. a 9:00 p.m.		
9:00 p.m. a 10:00 p.m.			9:00 p.m. a 10:00 p.m.		
10:00 p.m. a 11:00 p.m.			10:00 p.m. a 11:00 p.m.		
11:00 p.m. a la media-noche			11:00 p.m. a la media-noche		

De los tres a los cinco meses

■ Día seis	Hora de despertar	Hora de dormir	■ Día siete	Hora de despertar	Hora de dormir
Medianoche a 1:00 a. m.			Medianoche a 1:00 a. m.		
1:00 a. m. a 2:00 a. m.			1:00 a. m. a 2:00 a. m.		
2:00 a. m. a 3:00 a. m.			2:00 a. m. a 3:00 a. m.		
3:00 a. m. a 4:00 a. m.			3:00 a. m. a 4:00 a. m.		
4:00 a. m. a 5:00 a. m.			4:00 a. m. a 5:00 a. m.		
5:00 a. m. a 5:00 a. m.			5:00 a. m. a 5:00 a. m.		
6:00 a. m. a 7:00 a. m.			6:00 a. m. a 7:00 a. m.		
7:00 a.m. a 8:00 a. m.			7:00 a.m. a 8:00 a. m.		
8:00 a.m. a 9:00 a.m.			8:00 a.m. a 9:00 a.m.		
10:00 a.m. a 11:00 a.m.			10:00 a.m. a 11:00 a.m.		
11:00 a. m. a 12:00 m.			11:00 a. m. a 12:00 m.		
Mediodía a 1:00 p.m.			Mediodía a 1:00 p.m.		
1:00 p.m. a 2:00 p.m.			1:00 p.m. a 2:00 p.m.		
2:00 p.m. a 3:00 p.m.			2:00 p.m. a 3:00 p.m.		
3:00 p.m. a 4:00 p.m.			3:00 p.m. a 4:00 p.m.		
4:00 p.m. a 5:00 p.m.			4:00 p.m. a 5:00 p.m.		
5:00 p.m. a 6:00 p.m.			5:00 p.m. a 6:00 p.m.		
6:00 p.m. a 7:00 p.m.			6:00 p.m. a 7:00 p.m.		
7:00 p.m. a 8:00 p.m.			7:00 p.m. a 8:00 p.m.		
8:00 p.m. a 9:00 p.m.			8:00 p.m. a 9:00 p.m.		
9:00 p.m. a 10:00 p.m.			9:00 p.m. a 10:00 p.m.		
10:00 p.m. a 11:00 p.m.			10:00 p.m. a 11:00 p.m.		
11:00 p.m. a la medianoche			11:00 p.m. a la medianoche		

De los seis a los ocho meses

* • * • * • * • * • * • * • * • * • * • * • * • *

SEÑALES DE SUEÑO DE LOS SEIS
A LOS OCHO MESES

Anote aquí lo que hace su bebé o su forma de actuar justo antes de dormirse. No olvide que los bebés, incluidos los mayorcitos, no necesariamente bostezan ni se frotan los ojos lo mismo que los adultos.

_____

_____

_____

_____

_____

_____

_____

_____

_____

_____

_____

_____

_____

_____

_____

_____

_____

_____

_____

_____

Remítase a las páginas 129-148 para más información sobre las señales y los patrones de sueño entre los seis y los ocho meses.

ANOTE LAS SIESTAS Y LAS NOCHES ENTRE LOS SEIS Y LOS OCHO MESES

A continuación encontrará planillas para una semana completa de anotaciones sobre el sueño del bebé durante las primeras semanas de vida. Está bien si no considera necesario llevar la cuenta de las horas de sueño de su bebé durante los siete días completos. Si todavía no ha visto que se prolongan los períodos de vigilia en la mañana y al caer la tarde, probablemente el patrón comenzará a aparecer en esta etapa. Quizás note también otro período de actividad de tres horas entre la siesta de la mañana y la de la tarde. Si ha venido utilizando las técnicas del llanto controlado o la soledad gradual para ayudar a su bebé a conciliar el sueño en la noche, estas planillas le servirán para determinar si ha tenido éxito.

Para utilizar estas planillas, sencillamente anote las horas de sueño de su bebé: anote en las columnas correspondientes las horas a las cuales despierta, y las horas de inicio de las siestas y de acostarse.

■ Día uno	Hora de despertar	Hora de dormir
Medianoche a 1:00 a. m.		
1:00 a. m. a 2:00 a. m.		
2:00 a. m. a 3:00 a. m.		
3:00 a. m. a 4:00 a. m.		
4:00 a. m. a 5:00 a. m.		
5:00 a. m. a 5:00 a. m.		
6:00 a. m. a 7:00 a. m.		
7:00 a.m. a 8:00 a. m.		
8:00 a.m. a 9:00 a.m.		
10:00 a.m. a 11:00 a.m.		
11:00 a. m. a 12:00 m.		
Mediodía a 1:00 p.m.		
1:00 p.m. a 2:00 p.m.		
2:00 p.m. a 3:00 p.m.		
3:00 p.m. a 4:00 p.m.		
4:00 p.m. a 5:00 p.m.		
5:00 p.m. a 6:00 p.m.		
6:00 p.m. a 7:00 p.m.		
7:00 p.m. a 8:00 p.m.		
8:00 p.m. a 9:00 p.m.		
9:00 p.m. a 10:00 p.m.		
10:00 p.m. a 11:00 p.m.		
11:00 p.m. a la medianoche		

De los seis a los ocho meses

■ **Día dos**	Hora de despertar	Hora de dormir	■ **Día tres**	Hora de despertar	Hora de dormir
Medianoche a 1:00 a. m.			Medianoche a 1:00 a. m.		
1:00 a. m. a 2:00 a. m.			1:00 a. m. a 2:00 a. m.		
2:00 a. m. a 3:00 a. m.			2:00 a. m. a 3:00 a. m.		
3:00 a. m. a 4:00 a. m.			3:00 a. m. a 4:00 a. m.		
4:00 a. m. a 5:00 a. m.			4:00 a. m. a 5:00 a. m.		
5:00 a. m. a 5:00 a. m.			5:00 a. m. a 5:00 a. m.		
6:00 a. m. a 7:00 a. m.			6:00 a. m. a 7:00 a. m.		
7:00 a.m. a 8:00 a. m.			7:00 a.m. a 8:00 a. m.		
8:00 a.m. a 9:00 a.m.			8:00 a.m. a 9:00 a.m.		
10:00 a.m. a 11:00 a.m.			10:00 a.m. a 11:00 a.m.		
11:00 a. m. a 12:00 m.			11:00 a. m. a 12:00 m.		
Mediodía a 1:00 p.m.			Mediodía a 1:00 p.m.		
1:00 p.m. a 2:00 p.m.			1:00 p.m. a 2:00 p.m.		
2:00 p.m. a 3:00 p.m.			2:00 p.m. a 3:00 p.m.		
3:00 p.m. a 4:00 p.m.			3:00 p.m. a 4:00 p.m.		
4:00 p.m. a 5:00 p.m.			4:00 p.m. a 5:00 p.m.		
5:00 p.m. a 6:00 p.m.			5:00 p.m. a 6:00 p.m.		
6:00 p.m. a 7:00 p.m.			6:00 p.m. a 7:00 p.m.		
7:00 p.m. a 8:00 p.m.			7:00 p.m. a 8:00 p.m.		
8:00 p.m. a 9:00 p.m.			8:00 p.m. a 9:00 p.m.		
9:00 p.m. a 10:00 p.m.			9:00 p.m. a 10:00 p.m.		
10:00 p.m. a 11:00 p.m.			10:00 p.m. a 11:00 p.m.		
11:00 p.m. a la media-noche			11:00 p.m. a la media-noche		

De los seis a los ocho meses

■ Día cuatro	Hora de despertar	Hora de dormir	■ Día cinco	Hora de despertar	Hora de dormir
Medianoche a 1:00 a. m.			Medianoche a 1:00 a. m.		
1:00 a. m. a 2:00 a. m.			1:00 a. m. a 2:00 a. m.		
2:00 a. m. a 3:00 a. m.			2:00 a. m. a 3:00 a. m.		
3:00 a. m. a 4:00 a. m.			3:00 a. m. a 4:00 a. m.		
4:00 a. m. a 5:00 a. m.			4:00 a. m. a 5:00 a. m.		
5:00 a. m. a 5:00 a. m.			5:00 a. m. a 5:00 a. m.		
6:00 a. m. a 7:00 a. m.			6:00 a. m. a 7:00 a. m.		
7:00 a.m. a 8:00 a. m.			7:00 a.m. a 8:00 a. m.		
8:00 a.m. a 9:00 a.m.			8:00 a.m. a 9:00 a.m.		
10:00 a.m. a 11:00 a.m.			10:00 a.m. a 11:00 a.m.		
11:00 a. m. a 12:00 m.			11:00 a. m. a 12:00 m.		
Mediodía a 1:00 p.m.			Mediodía a 1:00 p.m.		
1:00 p.m. a 2:00 p.m.			1:00 p.m. a 2:00 p.m.		
2:00 p.m. a 3:00 p.m.			2:00 p.m. a 3:00 p.m.		
3:00 p.m. a 4:00 p.m.			3:00 p.m. a 4:00 p.m.		
4:00 p.m. a 5:00 p.m.			4:00 p.m. a 5:00 p.m.		
5:00 p.m. a 6:00 p.m.			5:00 p.m. a 6:00 p.m.		
6:00 p.m. a 7:00 p.m.			6:00 p.m. a 7:00 p.m.		
7:00 p.m. a 8:00 p.m.			7:00 p.m. a 8:00 p.m.		
8:00 p.m. a 9:00 p.m.			8:00 p.m. a 9:00 p.m.		
9:00 p.m. a 10:00 p.m.			9:00 p.m. a 10:00 p.m.		
10:00 p.m. a 11:00 p.m.			10:00 p.m. a 11:00 p.m.		
11:00 p.m. a la media-noche			11:00 p.m. a la media-noche		

De los seis a los ocho meses

■ Día seis	Hora de despertar	Hora de dormir	■ Día siete	Hora de despertar	Hora de dormir
Medianoche a 1:00 a. m.			Medianoche a 1:00 a. m.		
1:00 a. m. a 2:00 a. m.			1:00 a. m. a 2:00 a. m.		
2:00 a. m. a 3:00 a. m.			2:00 a. m. a 3:00 a. m.		
3:00 a. m. a 4:00 a. m.			3:00 a. m. a 4:00 a. m.		
4:00 a. m. a 5:00 a. m.			4:00 a. m. a 5:00 a. m.		
5:00 a. m. a 5:00 a. m.			5:00 a. m. a 5:00 a. m.		
6:00 a. m. a 7:00 a. m.			6:00 a. m. a 7:00 a. m.		
7:00 a.m. a 8:00 a. m.			7:00 a.m. a 8:00 a. m.		
8:00 a.m. a 9:00 a.m.			8:00 a.m. a 9:00 a.m.		
10:00 a.m. a 11:00 a.m.			10:00 a.m. a 11:00 a.m.		
11:00 a. m. a 12:00 m.			11:00 a. m. a 12:00 m.		
Mediodía a 1:00 p.m.			Mediodía a 1:00 p.m.		
1:00 p.m. a 2:00 p.m.			1:00 p.m. a 2:00 p.m.		
2:00 p.m. a 3:00 p.m.			2:00 p.m. a 3:00 p.m.		
3:00 p.m. a 4:00 p.m.			3:00 p.m. a 4:00 p.m.		
4:00 p.m. a 5:00 p.m.			4:00 p.m. a 5:00 p.m.		
5:00 p.m. a 6:00 p.m.			5:00 p.m. a 6:00 p.m.		
6:00 p.m. a 7:00 p.m.			6:00 p.m. a 7:00 p.m.		
7:00 p.m. a 8:00 p.m.			7:00 p.m. a 8:00 p.m.		
8:00 p.m. a 9:00 p.m.			8:00 p.m. a 9:00 p.m.		
9:00 p.m. a 10:00 p.m.			9:00 p.m. a 10:00 p.m.		
10:00 p.m. a 11:00 p.m.			10:00 p.m. a 11:00 p.m.		
11:00 p.m. a la medianoche			11:00 p.m. a la medianoche		

De los ocho meses al año y después

* • * • * • * • * • * • * • * • * • * • * • * • * • * • *

SEÑALES DE SUEÑO DE LOS SEIS
A LOS OCHO MESES

Anote aquí lo que hace su bebé o su forma de actuar justo antes de
dormirse. No olvide que los bebés, incluidos los mayorcitos, no necesariamente bostezan ni se frotan los ojos lo mismo que los adultos.

_____

_____

_____

_____

_____

_____

_____

_____

_____

_____

_____

_____

_____

_____

_____

_____

_____

_____

*Remítase a las páginas 148-157 para más información sobre las señales
y los patrones de sueño entre los ocho meses y el año y después.*

ANOTE LAS SIESTAS Y LAS NOCHES ENTRE LOS OCHO MESES Y EL AÑO Y DESPUÉS

A continuación encontrará planillas para una semana completa de anotaciones sobre el sueño del bebé durante las primeras semanas de vida. Está bien si no considera necesario llevar la cuenta de las horas de sueño de su bebé durante los siete días completos. Al final del primer año, casi todos los bebés duermen apenas dos siestas durante el día y permanecen despiertos por períodos de tres o cuatro horas y media. Todavía es muy pronto para abandonar la siesta de la mañana, pero seguramente observará que esta se acorta. Si está en el proceso de enseñar a su bebé independencia para dormir en la noche, esta planilla le ayudará a determinar su éxito.

Para utilizar estas planillas, sencillamente anote las horas de sueño de su bebé: anote en las columnas correspondientes las horas a las cuales despierta, y las horas de inicio de las siestas y de acostarse.

■ Día uno	Hora de despertar	Hora de dormir
Medianoche a 1:00 a. m.		
1:00 a. m. a 2:00 a. m.		
2:00 a. m. a 3:00 a. m.		
3:00 a. m. a 4:00 a. m.		
4:00 a. m. a 5:00 a. m.		
5:00 a. m. a 5:00 a. m.		
6:00 a. m. a 7:00 a. m.		
7:00 a.m. a 8:00 a. m.		
8:00 a.m. a 9:00 a.m.		
10:00 a.m. a 11:00 a.m.		
11:00 a. m. a 12:00 m.		
Mediodía a 1:00 p.m.		
1:00 p.m. a 2:00 p.m.		
2:00 p.m. a 3:00 p.m.		
3:00 p.m. a 4:00 p.m.		
4:00 p.m. a 5:00 p.m.		
5:00 p.m. a 6:00 p.m.		
6:00 p.m. a 7:00 p.m.		
7:00 p.m. a 8:00 p.m.		
8:00 p.m. a 9:00 p.m.		
9:00 p.m. a 10:00 p.m.		
10:00 p.m. a 11:00 p.m.		
11:00 p.m. a la medianoche		

De los ocho meses al año y después

■ Día dos	Hora de despertar	Hora de dormir	■ Día tres	Hora de despertar	Hora de dormir
Medianoche a 1:00 a. m.			Medianoche a 1:00 a. m.		
1:00 a. m. a 2:00 a. m.			1:00 a. m. a 2:00 a. m.		
2:00 a. m. a 3:00 a. m.			2:00 a. m. a 3:00 a. m.		
3:00 a. m. a 4:00 a. m.			3:00 a. m. a 4:00 a. m.		
4:00 a. m. a 5:00 a. m.			4:00 a. m. a 5:00 a. m.		
5:00 a. m. a 5:00 a. m.			5:00 a. m. a 5:00 a. m.		
6:00 a. m. a 7:00 a. m.			6:00 a. m. a 7:00 a. m.		
7:00 a.m. a 8:00 a. m.			7:00 a.m. a 8:00 a. m.		
8:00 a.m. a 9:00 a.m.			8:00 a.m. a 9:00 a.m.		
10:00 a.m. a 11:00 a.m.			10:00 a.m. a 11:00 a.m.		
11:00 a. m. a 12:00 m.			11:00 a. m. a 12:00 m.		
Mediodía a 1:00 p.m.			Mediodía a 1:00 p.m.		
1:00 p.m. a 2:00 p.m.			1:00 p.m. a 2:00 p.m.		
2:00 p.m. a 3:00 p.m.			2:00 p.m. a 3:00 p.m.		
3:00 p.m. a 4:00 p.m.			3:00 p.m. a 4:00 p.m.		
4:00 p.m. a 5:00 p.m.			4:00 p.m. a 5:00 p.m.		
5:00 p.m. a 6:00 p.m.			5:00 p.m. a 6:00 p.m.		
6:00 p.m. a 7:00 p.m.			6:00 p.m. a 7:00 p.m.		
7:00 p.m. a 8:00 p.m.			7:00 p.m. a 8:00 p.m.		
8:00 p.m. a 9:00 p.m.			8:00 p.m. a 9:00 p.m.		
9:00 p.m. a 10:00 p.m.			9:00 p.m. a 10:00 p.m.		
10:00 p.m. a 11:00 p.m.			10:00 p.m. a 11:00 p.m.		
11:00 p.m. a la media-noche			11:00 p.m. a la media-noche		

De los ocho meses al año y después

■ **Día cuatro**	Hora de despertar	Hora de dormir	■ **Día cinco**	Hora de despertar	Hora de dormir
Medianoche a 1:00 a. m.			Medianoche a 1:00 a. m.		
1:00 a. m. a 2:00 a. m.			1:00 a. m. a 2:00 a. m.		
2:00 a. m. a 3:00 a. m.			2:00 a. m. a 3:00 a. m.		
3:00 a. m. a 4:00 a. m.			3:00 a. m. a 4:00 a. m.		
4:00 a. m. a 5:00 a. m.			4:00 a. m. a 5:00 a. m.		
5:00 a. m. a 5:00 a. m.			5:00 a. m. a 5:00 a. m.		
6:00 a. m. a 7:00 a. m.			6:00 a. m. a 7:00 a. m.		
7:00 a.m. a 8:00 a. m.			7:00 a.m. a 8:00 a. m.		
8:00 a.m. a 9:00 a.m.			8:00 a.m. a 9:00 a.m.		
10:00 a.m. a 11:00 a.m.			10:00 a.m. a 11:00 a.m.		
11:00 a. m. a 12:00 m.			11:00 a. m. a 12:00 m.		
Mediodía a 1:00 p.m.			Mediodía a 1:00 p.m.		
1:00 p.m. a 2:00 p.m.			1:00 p.m. a 2:00 p.m.		
2:00 p.m. a 3:00 p.m.			2:00 p.m. a 3:00 p.m.		
3:00 p.m. a 4:00 p.m.			3:00 p.m. a 4:00 p.m.		
4:00 p.m. a 5:00 p.m.			4:00 p.m. a 5:00 p.m.		
5:00 p.m. a 6:00 p.m.			5:00 p.m. a 6:00 p.m.		
6:00 p.m. a 7:00 p.m.			6:00 p.m. a 7:00 p.m.		
7:00 p.m. a 8:00 p.m.			7:00 p.m. a 8:00 p.m.		
8:00 p.m. a 9:00 p.m.			8:00 p.m. a 9:00 p.m.		
9:00 p.m. a 10:00 p.m.			9:00 p.m. a 10:00 p.m.		
10:00 p.m. a 11:00 p.m.			10:00 p.m. a 11:00 p.m.		
11:00 p.m. a la media-noche			11:00 p.m. a la media-noche		

De los ocho meses al año y después

■ Día seis	Hora de despertar	Hora de dormir	■ Día siete	Hora de despertar	Hora de dormir
Medianoche a 1:00 a. m.			Medianoche a 1:00 a. m.		
1:00 a. m. a 2:00 a. m.			1:00 a. m. a 2:00 a. m.		
2:00 a. m. a 3:00 a. m.			2:00 a. m. a 3:00 a. m.		
3:00 a. m. a 4:00 a. m.			3:00 a. m. a 4:00 a. m.		
4:00 a. m. a 5:00 a. m.			4:00 a. m. a 5:00 a. m.		
5:00 a. m. a 5:00 a. m.			5:00 a. m. a 5:00 a. m.		
6:00 a. m. a 7:00 a. m.			6:00 a. m. a 7:00 a. m.		
7:00 a.m. a 8:00 a. m.			7:00 a.m. a 8:00 a. m.		
8:00 a.m. a 9:00 a.m.			8:00 a.m. a 9:00 a.m.		
10:00 a.m. a 11:00 a.m.			10:00 a.m. a 11:00 a.m.		
11:00 a. m. a 12:00 m.			11:00 a. m. a 12:00 m.		
Mediodía a 1:00 p.m.			Mediodía a 1:00 p.m.		
1:00 p.m. a 2:00 p.m.			1:00 p.m. a 2:00 p.m.		
2:00 p.m. a 3:00 p.m.			2:00 p.m. a 3:00 p.m.		
3:00 p.m. a 4:00 p.m.			3:00 p.m. a 4:00 p.m.		
4:00 p.m. a 5:00 p.m.			4:00 p.m. a 5:00 p.m.		
5:00 p.m. a 6:00 p.m.			5:00 p.m. a 6:00 p.m.		
6:00 p.m. a 7:00 p.m.			6:00 p.m. a 7:00 p.m.		
7:00 p.m. a 8:00 p.m.			7:00 p.m. a 8:00 p.m.		
8:00 p.m. a 9:00 p.m.			8:00 p.m. a 9:00 p.m.		
9:00 p.m. a 10:00 p.m.			9:00 p.m. a 10:00 p.m.		
10:00 p.m. a 11:00 p.m.			10:00 p.m. a 11:00 p.m.		
11:00 p.m. a la media-noche			11:00 p.m. a la media-noche		

Circunstancias especiales

Un resfriado fuerte, un viaje a través de distintas zonas horarias, una dentición dolorosa... A veces es como si la vida conspirara contra el esquema de buen dormir del bebé. Hasta los padres que asignan una alta prioridad al sueño de toda la familia encuentran tropiezos ocasionalmente. Esta sección le enseñará a utilizar los ritmos de su bebé para suavizar algunos de esos tropiezos, o al menos para encarrilarse rápidamente cuando la vida vuelva a la normalidad. También hace referencia a las inquietudes especiales de los padres que tienen más de un bebé, un bebé prematuro o un bebé de bajo peso al nacer.

Enfermedad

La enfermedad puede intensificar las señales de sueño del bebé. También puede hacer que la ventana de actividad se acorte. En el caso de algunos bebés que por lo general permanecen despiertos más tiempo durante el día, la enfermedad puede llevarlos a regresar al ciclo de 90 minutos. No dude en obedecer las claves del bebé. No se preocupe por el reloj. Observe las señales de sueño y permítale dormir cuanto necesite. El bebé regresará a su rutina normal de sueño a los pocos días de superar la enfermedad.

Un bebé enfermo por lo general sufre de alteraciones del sueño, en particular si la enfermedad afecta la respiración. Quizás necesite también más contacto físico y consuelo que de costumbre. Aunque su bebé haya venido durmiendo de manera independiente, quizás convenga que duerma con usted en la noche o que lo ayude a dormir más recto para que pueda respirar mejor. Cuando pase la enfermedad, probablemente tendrá que enseñarle nuevamente a dormir solo. En general, este segundo proceso de aprendizaje será un poco más rápido.

Dentición

Una de las conclusiones a las que se llega rápidamente cuando un bebé despierta llorando a medianoche es que "le deben estar saliendo los dientes". La dentición se presenta automáticamente como la culpable de los despertares nocturnos, aunque estos se prolonguen durante días, semanas y a veces meses. Sin embargo, se ha exagerado considerablemente la asociación entre la dentición y el despertar nocturno, y hay muy pocos datos para sustentarla. La gran mayoría de los despertares nocturnos de niños sanos y que se desarrollan normalmente se debe a la falta crónica de sueño, no a la dentición.

Sin embargo, a veces el dolor de la dentición *sí* se manifiesta en las noches, y es real. Puesto que el dolor puede presentarse mucho antes de que asome el diente, pasará tiempo antes de poder saber cuándo el problema es de dentición y cuándo no. Un buen indicio es la calidad del llanto. Los gritos de dolor por lo general son más fuertes y agudos, y más insistentes que el llanto suave y quejumbroso que caracteriza el deseo de conciliar el sueño. Si el bebé no está enfermo pero llora desesperadamente, parece presa de pánico o grita con fuerza, es probable que haya un par de dientes en proceso de asomar. Tenga presente que el bebé podrá necesitar más consuelo de su parte mientras desaparece el dolor. También puede solicitar al pediatra una solución para aliviar el dolor de la dentición. Una vez desaparece el dolor (cuando sale el diente) quizás deba enseñarle nuevamente a arrullarse a sí mismo.

Viaje a través de distintas zonas horarias

Los bebés nada saben sobre las zonas horarias, pero usted puede apoyarse en el ciclo de los 90 minutos para restablecer los relojes internos después de un viaje al otro lado del país o del mundo. Sugiero utilizar el ciclo de los 90 minutos de sueño para mantener al bebé en un patrón de siestas hasta llegar al destino y es hora de acostarse para la noche en la nueva zona horaria. Por ejemplo, muchos vuelos a Europa salen tarde en la noche. Cuando el avión aterriza es de mañana en América pero ya es tarde en la nueva zona. Utilice el ciclo de los 90 minutos para iniciar el sueño durante el vuelo, pero despierte al bebé al cabo de 90 minutos. Después, a los 90 minutos de ese despertar, ayúdelo a dormir nuevamente. Repita este ciclo según sea necesario, aun después de la llegada, hasta que sea la hora de acostarse en el lugar de destino. Entonces permita que el bebé duerma cuanto quiera. Los padres que han utilizado este método me dicen que los bebés se ajustan más pronto al cambio de zona horaria que ellos mismos.

Dicho sea de paso, rechazo firmemente el uso de la difenhidramina (Benadril) u otros medicamentos para inducir el sueño del lactante durante el viaje. Estos medicamentos no inducen un sueño verdaderamente profundo y a veces producen el efecto contrario de crear un estado de hiperactividad. Además, seguramente ya sabrá que privar al bebé de su sueño antes de un viaje largo no se traducirá en un mejor sueño en el avión. Esa estrategia puede tener el efecto opuesto de mantener al bebé totalmente despierto e incapaz de conciliar el sueño.

Hora de verano y de invierno

¡Los padres trepidan ante la idea de dar marcha atrás después de haber logrado avances! Tenga presente que necesitará hasta una semana para ajustarse a los cambios de hora que ocurren dos veces al año. Aunque la creencia común es que el día más difícil es el domingo en el cual entra en vigencia la nueva hora, la verdad es que el lunes siguiente es el más difícil para el cerebro. Eso se debe a la confusión entre las señales relacionadas con la oscuridad y la hora de acostarse. En efecto, el número de accidentes de tránsito aumenta el lunes después del cambio de hora en la primavera, cuando perdemos una hora de sueño. El otoño trae sus propias dificultades porque los bebés no aprovechan la oportunidad de dormir hasta más tarde. Lo que hacen es despertar una hora antes, al menos durante unos cuantos días.

Cuando cambie la hora, usted y su hijo necesitarán varios días para adaptarse, de manera que planee mejor sus días teniendo en cuenta esta información. Quizás esa no sea la mejor época para imponer más cargas a su bebé haciendo varios mandados en un mismo día, o para programar reuniones importantes de trabajo, porque quizás no pueda dormir tantas horas como de costumbre. Trate también de exponerse a la luz solar tanto como sea posible a fin de ayudar a su cerebro y al del bebé a sincronizar nuevamente sus funciones internas.

Inicio de la guardería

Cuando los padres le toman el ritmo al plan N.A.P.S. y ven el beneficio para sus hijos, desean asegurarse también de que la niñera, los abuelos o el personal de la guardería se adhieran al plan. A algunos padres les preocupa que la guardería, en particular, con sus obligaciones de atender a muchos niños a la vez, no pueda cumplir con el plan.

Sin embargo, quizás se lleve una agradable sorpresa. La mayoría de los centros y cuidadores de alta calidad comprenden la importancia del sueño del lactante y del niño pequeño, aunque no ha-

yan oído hablar del ciclo de los 90 minutos concretamente. Recuerdo lo difícil que fue para mí dejar a mi primera hija en una guardería donde nadie había oído hablar del ritmo de 90 minutos. En vista de que no tenía otra alternativa, sencillamente se lo expliqué a la directora del programa con la mayor cortesía. Me preocupaba que esa señora tan amable y experimentada que había dirigido su guardería durante quince años y se había especializado en bebés pensara que yo era otra de esas "madres locas". Pero al finalizar la primera semana me dijo, "Caramba, su hija parece un *reloj*".

Cuando busque una guardería, elija una donde las personas sientan verdadero interés y estén dispuestas a escuchar. Hable franca pero respetuosamente sobre el ciclo de los 90 minutos y vea si el personal está dispuesto a ensayar el plan. Si es así, entregue una copia de las páginas del diario que aparecen al final de este libro para facilitarles el proceso de anotar las horas de las siestas de su bebé. ¡Quizás logre algunos conversos para el programa! Pregunte también acerca de las políticas relativas a las siestas. En algunos sitios, la ley exige a las guarderías ofrecer períodos de siesta hasta una determinada edad.

Gemelos y otros hijos múltiples

Mi recomendación es obedecer los ritmos de sueño del bebé y dejarlo dormir cuando quiera y durante el tiempo que quiera, pero los gemelos y otros hijos múltiples son la excepción. Cuando uno trata de manejar las necesidades de sueño de dos, tres o más bebés, está bien romper el vidrio de la caja de emergencia y utilizar el ciclo de los 90 minutos para manipular los horarios de sueño.

Los padres de bebés múltiples podrán decidir si quieren que todos los bebés duerman al mismo tiempo (para poder tener algo de tiempo libre que tanto necesitan) o

que despierten por separado (para poder dedicar tiempo individual a cada niño). Sin importar cuál sea el esquema, de todas maneras será posible controlar los horarios de las siestas despertando al bebé o a los bebés 90 minutos antes de la hora deseada para la siguiente siesta. Aunque mis hijos no son gemelos, nacieron apenas con año y medio de diferencia y durante algún tiempo el horario de las siestas fue casi tan complicado como el de los hijos múltiples. Descubrí que podía valerme de sus ciclos de 90 minutos para manejar los retos de todos los días, pero me aseguré siempre de que ninguno de los dos sufriera de falta de sueño.

Muchos múltiples nacen prematuros o con bajo peso. Recuerde que, durante un tiempo, estos bebés pueden tener períodos de actividad de menos de 90 minutos. También pueden tener necesidades especiales de alimentación que implican despertarlos con frecuencia; si ese es su caso, siga las instrucciones de su médico.

Prematuros

Los bebés prematuros necesitan todavía más sueño que los que nacen a término. Su ventana de actividad generalmente es de menos de 90 minutos y a veces es *mucho* más corta, a tal punto que el bebé permanece despierto solamente unos minutos después de comer. El bebé necesita dormir para completar su desarrollo cerebral, cosa que sucede en el útero en la mayoría de los casos. Sencillamente obedezca las señales de sueño del bebé y ayúdelo a dormir tanto como sea posible. Probablemente comience a ver aparecer el ciclo de 90 minutos cuando el bebé cumpla unas cuantas semanas después de la fecha en que ha debido nacer.

Cerciórese de seguir las instrucciones del médico sobre la alimentación del bebé, aunque tenga que despertarlo con frecuencia para alimentarlo. Mientras el médico no autorice la prolongación de los períodos de sueño, mantener alimentado a su bebé prematuro debe ser su primera prioridad.

Medicamentos para dormir

Aunque algunos pediatras recomiendan medicamentos como la difenhidramina (Benadryl) para problemas comunes del sueño, tenga cuidado con administrar esa clase de medicamentos a su hijo. Hay situaciones en las cuales los pediatras recomiendan medicamentos para dormir a un bebé o a un niño, pero no es aconsejable depender de ellos para resolver problemas comunes de sueño. La mayoría de estos fármacos no producen lo que los especialistas denominan sueño fisiológico, lo cual quiere decir que las ondas cerebrales no adoptan los mismos patrones que ocurren durante el sueño natural. Muchas veces, el sueño inducido por fármacos es superficial e insatisfactorio. El insomnio de rebote es otro de los problemas que se presenta cuando el paciente suspende el medicamento y descubre que no puede dormir sin él. Además, los fármacos como el Benadryl pueden tener efectos paradójicos en los niños, llevándolos a un estado de hiperactividad. No hay forma de saber de antemano si su hijo ha de presentar esa clase de reacción.

Los medicamentos para dormir tienen su mejor efecto en los niños cuando se reservan para casos extremos con complicaciones psiquiátricas o físicas como el autismo, o en una situación transitoria como una hospitalización. Aun así, deben ser la excepción y no la regla y utilizarse solamente durante una noche o dos, para romper el ciclo de los problemas de sueño. Si su médico considera que su hijo necesita un medicamento para dormir, solicite una explicación sincera sobre los beneficios y desventajas. Pida una segunda opinión si lo considera necesario.

Cuándo llamar al médico

A veces los problemas de sueño son producto de algún trastorno físico de base. Consulte a su médico en caso de que el bebé presente alguno de los síntomas siguientes: **Ronquido no asociado claramente con una alergia o un resfriado.** Esto puede ser indicio de un trastorno respiratorio asociado con el sueño semejante a la apnea obstructiva del adulto. Es importante informar al médico aunque el niño respire fácilmente mientras está despierto.

Muestras de dificultad para respirar mientras duerme, con jadeos y resoplidos fuertes ocasionales. Este es otro síntoma de un trastorno respiratorio asociado con el sueño. Es probable que el niño que tiene este síndrome también hable dormido. El hecho de hablar dormido no es en sí anormal, y en muchos casos desaparece cuando se trata la dificultad para dormir/respirar.

¿Sufre su bebé de una carga de cafeína?

Pocos padres le servirían a sus hijos una taza de café espresso, pero cada vez se ven con más frecuencia bebés que pasan el día con un vaso de cola en la mano o comiendo torta de chocolate cubierta con chocolate. Tenga presente que hay fuentes ocultas de cafeína en varios alimentos y medicamentos de uso común. El chocolate, algunas bebidas gaseosas (lea con cuidado las etiquetas, hasta las bebidas de naranja y la cerveza de raíz contienen cafeína), algunas aguas saborizadas, el helado de moca y, por supuesto, el té, el café, las bebidas y dulces de café, contienen cafeína. Muchos medicamentos de venta libre para la gripe contienen estimulantes y son otra causa de niños misteriosamente energizados (aunque tenga presente que a los niños menores de dos años no se les debe administrar medicamentos para la gripe). Mi hija es excepcionalmente sensible a la pseudoefedrina, un descongestionante común. Cuando lo toma pasa horas enteras sin dormir. Sin embargo, mi hijo al parecer no es sensible a ese medicamento.

Las madres lactantes a veces se preguntan si su hábito de beber café o chocolate puede ser la causa de los despertares nocturnos. Aunque no se ha investigado a fondo la relación entre la lactancia, la cafeína y la actividad del lactante, la mayoría de los expertos consideran que una o dos tazas de café al día no afectan el sueño del bebé. Yo creo que la mayoría de los despertares nocturnos se deben a un mal manejo del ciclo de los 90 minutos de sueño y no a la ingesta de cafeína por parte de la madre. Sin embargo, si su bebé sigue el plan N.A.P.S., y está bien descansado, pero todavía despierta en la noche, ciertamente usted puede ensayar a eliminar la cafeína de su dieta durante varios días.

Ataques frecuentes de sueño con pérdida del tono muscular. Los ataques de sueño pueden venir acompañados de excitación emocional. Es probable que el bebé sufra de un trastorno convulsivo o, en casos raros, de narcolepsia.

Seis o siete despertares todas las noches después del año de edad. Es raro que un bebé despierte tantas veces después del primer año de vida. Conviene consultar al médico, solo para descartar una causa médica.

SOBRE LA AUTORA

La doctora Polly Moore dirige el programa de Investigación sobre el sueño en California Clinical Trials en San Diego. Después de obtener su doctorado en neurociencias de la Universidad de California en Los Ángeles (UCLA), ha trabajado en el Centro de cáncer de la Universidad de California en San Diego (UCSD), y también en el Centro del sueño de la Clínica Scripps donde investigó los efectos de los ritmos del sueño sobre el cáncer y el dolor. Ha dictado conferencias y cursos sobre el plan N.A.P.S. en todo el territorio de los Estados Unidos. Vive con su familia en San Diego.

AGRADECIMIENTOS

Mi agradecimiento para Pam Nagata, coordinadora de The Parent Connection, un grupo de apoyo para padres del condado de San Diego, auspiciado por Scripps Memorial Hospital. Hace muchos años, Pam me alentó para que hablara con los padres primerizos sobre el sueño del bebé. El trabajo con los padres y las madres ha sido en extremo gratificante. También me sirvió para desarrollar el material que finalmente se convirtió en el fundamento de este libro.

Agradezco a todas las madres y padres que han trabajado conmigo, en particular a Amy Harris, Robyn Firtel, David John, Sherry Schnell y Mary Morrow, por su tiempo y atención, por sus preguntas inquisitivas, su franqueza y su disposición para hablar de las cosas que les sirvieron y las que no.

Gracias a Vivian Glyck por su estímulo y su ayuda incondicional y, entre otras cosas, por haberme presentado a las altas directivas de Inkwell. Para Alexis Hurley, Kim Witherspoon y todas las demás personas de Inkwell, gracias por su dedicación a este proyecto.

Mi agradecimiento es también para Kylie Foxx Mc-Donald, Jennifer Griffin, Suzie Bolotin y el maravilloso equipo de trabajo de Workman Publishing por sus palabras esclarecedoras, sus normas elevadas y su fe constante en este libro. Esta obra es más sólida y útil gracias a ustedes.

A Lynne Lamberg, autora de algunos de mis libros favoritos sobre el sueño, mi agradecimiento por sus comentarios al primer esbozo de este libro, por su gentil apoyo y sus sabios consejos a lo largo del camino.

A Leigh Ann Hirschman le debo "literalmente" más de lo que pueden expresar las palabras. Gracias por tu claridad de pensamiento, la fluidez de tu estilo y tu empeño por hacer que este libro fuera mejor de lo que yo hubiera imaginado; todo lo que hiciste lo mejoró.

Agradezco a mis amables jefes y maravillosos colaboradores de California Clinical Trials, quienes me permitieron gentilmente trabajar medio tiempo mientras hacía realidad mi sueño de escribir este libro.

A todos mis amigos y familiares, quienes me apoyaron en este proyecto durante buena parte de los últimos diez años, gracias, gracias, gracias. A quienes leyeron y comentaron los incontables borradores, entre ellos Emily Kellndorfer, Ron Szymusiak, Judi Profant Johnson, Gina Poe, Carl Stepnowsky, Sarah Hernandez y Alison John, estoy en deuda con ustedes. Gracias.

A mis hijos maravillosos, Max y Maddie, de siete y nueve años en este momento, quienes en ocasiones han renegado, "¿Por qué teníamos que tener una mamá que investiga el sueño?" antes de irse a dormir. Quizás mi deuda más grande sea con ustedes dos. Desde el día de su nacimiento he querido hacerme digna de la bendición y el privilegio de ser su mamá. Me han enseñado tanto, me han inspirado y sencillamente los adoro a los dos. Gracias. Los ama, Mamá.